全国高等学校外语教师丛书

［澳］杨宏智 ［澳］沈惠忠 著

英语合作学习活动

Designing Cooperative Learning for EFL Teaching

外语教学与研究出版社
FOREIGN LANGUAGE TEACHING AND RESEARCH PRESS
北京 BEIJING

图书在版编目（CIP）数据

英语合作学习活动／（澳）杨宏智，（澳）沈惠忠著. —— 北京：外语教学与研究出版社，2023.12（2025.10 重印）
（全国高等学校外语教师丛书. 课堂活动系列）
ISBN 978-7-5213-4968-9

I. ①英… II. ①杨… ②沈… III. ①英语－教学研究－高等学校 IV. ①H319.3

中国国家版本馆 CIP 数据核字 (2023) 第 242788 号

出 版 人　王　芳
选题策划　段长城
项目负责　李晓雨
责任编辑　王丛琪
责任校对　秦启越
封面设计　覃一彪
版式设计　吴德胜
出版发行　外语教学与研究出版社
社　　址　北京市西三环北路 19 号（100089）
网　　址　https://www.fltrp.com
印　　刷　北京九州迅驰传媒文化有限公司
开　　本　650×980　1/16
印　　张　12
版　　次　2023 年 12 月第 1 版　2025 年 10 月第 8 次印刷
书　　号　ISBN 978-7-5213-4968-9
定　　价　49.90 元

如有图书采购需求，图书内容或印刷装订等问题，侵权、盗版书籍等线索，请拨打以下电话或关注官方服务号：
客服电话：400 898 7008
官方服务号：微信搜索并关注公众号"外研社官方服务号"
外研社购书网址：https://fltrp.tmall.com

物料号：349680001

目　录

总　序

"全国高等学校外语教师丛书"是外语教学与研究出版社高等英语教育出版分社近期精心策划、隆重推出的系列丛书，包含理论指导、科研方法、教学研究和课堂活动四个子系列。本套丛书既包括学界专家精心挑选的国外引进著作，又有特邀国内学者执笔完成的"命题作文"。作为开放的系列丛书，该丛书还将根据外语教学与科研的发展不断增加新的专题，以便教师研修与提高。

编者有幸参与了这套系列丛书的策划工作。在策划过程中，我们分析了高校英语教师面临的困难与挑战，考察了一线教师的需求，最终确立这套丛书选题的指导思想为：想外语教师所想，急外语教师所急，顺应广大教师的发展需求；确立这套丛书的写作特色为：突出科学性、可读性和操作性，做到举重若轻，条理清晰，例证丰富，深入浅出。

第一个子系列是"理论指导"。该系列力图为教师提供某学科或某领域的研究概貌，期盼读者能用较短的时间了解某领域的核心知识点与前沿研究课题。以《二语习得重点问题研究》一书为例，该书不求面面俱到，只求抓住二语习得研究领域中的热点、要点和富有争议的问题，动态展开叙述。每一章的写作以不同意见的争辩为出发点，对取向相左的理论、实证研究结果差异进行分析、梳理和评述，最后介绍或者展望国内外的最新发展趋势。全书阐述清晰，深入浅出，易读易懂。再比如《认知语言学与二语教学》一书，全书分为理论篇、教学篇与研究篇三个部分。理论篇阐述认知语言学视角下的语言观、教学观与学习观，以及与二语教学相关的认知语言学中的主要概念与理论；教学篇选用认知语言学领域比较成熟的理论，探讨应用到中国英语教学实践的可能性；研究篇包括国内外将认知语言学理论应用到教学实践中的研究综述、研究方法介绍以及对未来研究的展望。

第二个子系列是"科研方法"。该系列介绍了多种研究方法，通常是一本书介绍一种方法，例如问卷调查、个案研究、行动研究、有声思维、语料库研究、微变化研究和启动研究等。也有的书涉及多种方法，综合描述量化研究或者质化研究，例如：《应用语言学中的质性研究与分析》《应用语言学中的量化研究与分析》和《第二语言研究中的数据收集方法》等。凡入选本系列丛书的著作人，无论是国外著者还是国内著者，均有高度的读者意识，乐于为一线教师开展教学科研服务，力求做到帮助读者"排忧解难"。例如，澳大利亚安妮·伯恩斯（Anne Burns）教授撰写的《英语教学中的行动研究方法》一书，从一线教师的视角，讨论行动研究的各个环节，每章均有"反思时刻""行动时刻"等新颖形式设计。同时，全书运用了丰富例证来解释理论概念，便于读者理解、思考和消化所读内容。凡是应邀撰写研究方法系列的中国著作人均有博士学位，并对自己阐述的研究方法有着丰富的实践经验。他们有的运用了书中的研究方法完成了硕士、博士论文，有的采用书中的研究方法从事过重大科研项目。以秦晓晴教授撰写的《外语教学问卷调查法》一书为例，该书著者将系统性与实用性有机结合，根据实施问卷调查法的流程，系统地介绍了问卷调查研究中问题的提出、问卷项目设计、问卷试测、问卷实施、问卷整理及数据准备、问卷评价以及问卷数据汇总及统计分析方法选择等环节。书中各个环节的描述都配有易于理解的研究实例。

第三个子系列是"教学研究"。该系列与前两个系列相比，有两点显著不同：第一，本系列侧重同步培养教师的教学能力与教学研究能力；第二，本系列所有著作的撰稿人主要为中国学者。有些著者虽然目前在海外工作和生活，但他们出国前曾在国内高校任教，也经常回国参与国内的教学与研究工作。本系列包括《英语听力教学与研究》《英语写作教学与研究》《英语阅读教学与研究》《英语口语教学与研究》《翻译教学与研究》等。以《英语听力教学与研究》一书为例，著者王艳副教授拥有十多年的听力教学经验，同时听力教学研究又是她博士论文的选题领域。《英语听力教学与研究》一书，浓缩了她多年来听力教学与听力教学研究的宝贵经验。全书分为两部分：教学篇与研究篇。教学篇中涉及了听力教学的各个重要环节以及学生在听力学习中可能碰到的困难与应对的办法，所选用的案例均来自著者课堂教学的真实活动。研究篇中既有著者的听力教学研究案例，也有著者从国内外文献中筛选出的符合中国国情的听力教学研究案例，综合在一起加以分析阐述。

　　第四个子系列是"课堂活动"。该系列汇集了各分册作者多年来的一线教学经验，旨在为教师提供具体、真实、具有较高借鉴价值的课堂活动案例，提高教师的课堂教学能力。该系列图书包括《英语阅读教学活动设计》《英语听力课堂活动设计》《英语合作学习活动》等。以《英语阅读教学活动设计》一书为例，阅读教学是学生学习语言知识和教师培养学生思维的重要途径和载体。该书第一作者陈则航教授多年来致力于英语阅读教学研究，希望通过该书与读者分享如何进行具体的阅读教学活动设计，探讨如何在课堂教学中落实阅读教学理念。该书包括三个部分。第一部分介绍在阅读前、阅读中和阅读后这三个不同阶段教师可以设计的阅读教学活动，并且介绍了阅读测评的目的、原则和方式。第二部分探讨了如何通过阅读教学促进学生思维发展。第三部分展示了教师在阅读课堂中的真实教学案例，并对其进行了分析与点评，以期为改进阅读教学活动设计提供启示。

　　教育大计，教师为本。"全国高等学校外语教师丛书"内容全面，出版及时，必将成为高校教师提升自我教学能力、研究能力与合作能力的良师益友。编者相信本套丛书的出版对高校外语教师个人专业能力的提高，对教师队伍整体素质的提高，必将起到积极的推动作用。

　　　　　　　　　　　　　　　　　　　　　　文秋芳
　　　　　　　　　　　北京外国语大学中国外语与教育研究中心
　　　　　　　　　　　　　　2011 年 7 月 3 日

前　言

　　团队合作的技能对个人职业和社会生活都非常重要，因此合作学习一直以来都是教育领域的一个重要话题。它不仅关乎学生的学术成就，还涉及社会互动、沟通交流和团队合作。这就意味着教师需要在教学中为学生提供合作学习的机会，提高学生的合作技能和人际沟通能力（Johnson et al.，2014；Loh & Ang，2020）。

　　作为一种教学模式，合作学习在 20 世纪 80 年代后期开始重新受到重视，并在过去数十年的教学改革中得到持续关注（Chen，2021；Loh & Ang，2020）。高校英语课堂合作学习的相关研究发现，合作学习能够有效提升学生的语言、社交和团队合作能力，以及自信心和学习积极性。但合作学习的实施依然面临一些挑战：首先，许多教师感到在大班课堂开展分组活动有困难；其次，部分学生，尤其是英语水平较低的学生，觉得能力欠缺无法进行合作学习，因而对这种方式怀有抵触情绪；再次，传统的以教师为中心的教学方式和应试教学思维及其带来的内在竞争也阻碍了合作学习的实施（Chen，2021；简晓明等，2006；蒙岚，2020）。因此，教师需要相应的培训来增强对合作学习的理解，并利用实际的资源和策略来实施合作学习。

　　针对这些挑战，本书的第五、六、七章介绍了大量适用于大学英语课堂合作学习的活动示例、测评设计，以及技术辅助的合作学习活动，旨在帮助教师应对具体的教学挑战，优化活动设计。第五章依据合作学习原则将教学活动分为四大类：（1）促进合作小组形成的活动；（2）增强学生责任感的活动；（3）增强学生相互依靠与信任感的活动；（4）提升学生社交能力的活动。这些活动都有详细示例和扩展材料，供教师作针对性选择。第六章详细介绍了终结性测评、形成性测评和差异化测评在合作学习中的应用，并提供了一系列的测评任务设计和测评标准，以便教师能根据学生的需求和教学环境来调整评估策略。

第七章通过示例活动和相关研究向读者展示如何利用 Web 2.0 和 Web 3.0 的技术辅助合作学习，包括在线写作平台、思维导图和移动社交媒体等工具。

　　本书的写作缘起于一场题为"英语课堂中的合作学习"的讲座。它是由悉尼大学主导并与外研社合作开展的科研项目"图像、看法和资源：加强澳大利亚在中国英语教育中的作用"中的系列讲座之一。基于讲座的内容和反馈，并针对上述合作学习实施过程中的挑战，我们在本书中深入探讨合作学习的多个方面，包括理论基础、文献综述、设计原理及实际应用等，以帮助高校英语教师更好地理解合作学习并将之应用于教学实践。

　　我们要感谢所有为本书的出版付出努力的编辑，是他们的辛勤工作使本书最终面世。希望您能够从中受益，将合作学习的理念融入您的教育实践中，从而为学生未来的成功尽一份力。

　　祝您阅读愉快，愿本书能够启发您并为您带来新的教育视角。

杨宏智　沈惠忠

悉尼大学

2023 年 7 月

参考文献

Chen, R. (2021). A review of cooperative learning in EFL classroom. *Asian Pendidikan*, 1(1), 1-9.

Johnson, D. W., Johnson, R. T., Roseth, C. & Shin, T. S. (2014). The relationship between motivation and achievement in interdependent situations. *Journal of Applied Social Psychology*, 44(9), 622-633.

Loh, R. C. Y. & Ang, C. S. (2020). Unravelling cooperative learning in higher education: A review of research. *Research in Social Sciences and Technology*, 5(2), 22-39.

简晓明等，2006，大学英语合作学习的评价模式及其实践，《高教探索》(5)：53-55。

蒙岚，2020，混合式教学模式下大学英语课程思政路径，《社会科学家》(12)：136-141。

第一章　绪论

1.1　合作学习概述

在现今的社会环境下，几乎所有问题的解决都在某种程度上基于协商与合作（Godwin-Jones，2021）。然而，合作技能并非与生俱来，而是需要后天培养和学习的（Bruffee，1995）。这就意味着在教学中，为学生提供合作学习的机会，提高学生合作技能和人际沟通能力，变得尤为重要（Felder & Brent，2007；Johnson et al.，2014；Loh & Ang，2020；Shimazoe & Aldrich，2010）。

合作学习在20世纪80年代后期被引入国内，是过去30余年一直受到持续关注的教育改革模式之一（Chen，2021；Loh & Ang，2020；Vermette，1998）。2001年教育部印发的《基础教育课程改革纲要（试行）》明确提出，国内教育需要培养学生交流与合作的能力（教育部，2001）。此外，教育部发布的《大学英语课程教学要求（试行）》首次倡导在多媒体教学中以小组形式进行面授和辅导学习（教育部，2004）。分组活动是合作学习的主要形式。这些文件都强调和提倡通过合作学习来培养学生的创新与实践能力，并鼓励学生交流彼此的学习方式（Gong & Liu，2018）。

然而，在国内大部分的英语课堂中，课程要求与实践之间仍存在差距，合作学习的价值还没有得到很多学校与教师的充分认叫（Chen，2021）。合作学习的实施主要存在三方面的挑战：首先，许多教师感到在大班课堂开展分组活动有困难；其次，部分学生，尤其是英语水平较低的学生，觉得能力欠缺，无法进行合作学习，因而对这种方式怀有抵触情绪；再次，传统的以教师为中心的教学方式和应试教学思维及其带来的内在竞争也阻碍了合作学习的实施（Chen，2021）。

基于第一类的困难与挑战，本书为教师们提供了一系列教学策略和适用于国内英语课堂教学的活动示例（见第五章）。对于第二类挑战，即学生的顾虑和抵触，我们认为有必要为他们提供培训，以提高他们对于合作学习技能及其重要性的认知。对丁第二种挑战，我们承认应试教学具有其历史、社会和文化的渊源，并非一朝一夕可以改变，思维上的转变可能需要更多时间；然而，合作学习可以作为以教师为中心的传统教学方法的一种替代方案供教师尝试与采用，以支持学生之间的互助行为（Chen & Wang，2013；Loh & Ang，2020；Thanh，2014）。

一些研究人员担心合作学习理念与儒家文化之间会有冲突，尤其是在中国、日本、韩国、马来西亚、新加坡和越南等儒家文化传承国家（Chen，2021；Loh & Ang，2020；Thanh，2014）。他们认为，合作学习强调社交互动和对不同意见的开放性探讨，而儒家文化强调学生要尊重他们的老师和长辈，并提倡社会人际之间的和谐（Commins & Linscott，1947）。因为这一文化背景，以及其他因素比如教育资源不均衡和竞争的影响，团队合作的重要性在一定程度上被忽视了。但实际上，儒家文化涵盖了合作学习的内涵，比如"相观而善之谓摩"[1]。根据合作学习的研究成果，我们可以调整课堂教学设计，以适应国内英语教学的具体情况（Chen & Wang，2013）。这样的调整既要满足学生的需求，又要与国家课程要求中对合作学习和主动学习的提倡与推广相呼应（Chen & Wang，2013；Loh & Ang，2020）。

此外，互联网技术的快速发展可以帮助学生在更加灵活的环境中参与合作学习（Dizon，2016）。特别是自新冠疫情暴发以来，在线学习的模式得到了更广泛的应用。一些研究表明，在线合作学习有助于学生分享学习内容、反复复习、增强互动、培养多元化思维和责任感（Jo & Park，2021；Yu & Yuizono，2021）；参与在线合作学习的学生比独自学习的学生取得了更好的成绩（Awada et al.，2020；Cecchini et al.，2021；Kyndt et al.，2013）。然而在线合作学习也有其挑战和障碍，主要表现在三个方面：（1）互联网和某些应用程序的访问受限；（2）教师和学生在技术应用方面的知识有限；（3）在技术支持的合作学习中，某些学生可能仅停留在简单完成课程任务的层面，缺乏深入的学习（Silalahi & Hutauruk，2020；Yu & Yuizono，2021）。关于第一类挑战，随着在线平台和应用程序的种类越来越多，教师和学生可以通过选择具有相似功能的替代平台和应用程序来应对。至于第二类挑战，这需要教师和学生不断更新技术应用的知识（Arsanjani & Faghih，2015；Dizon，2016）。第三类挑战则可以通

1　语出《学记》。

过精心设计的合作学习活动来克服，这些活动可以让学生参与深度学习。

本书的教学活动设计主要采用文化适应和互动的方法，这是基于国内英语教学所处的集中和竞争性学习环境及其结构限制来考虑的。同时，本书将教师专业学习的三个关键领域（见图 1.1）作为指导框架来分析英语教学中合作学习的专业学习生态（Koffeman & Snoek，2019）。其中既有理论指导，也有实践应用；既有显性知识的输入，也有个人反思的隐性知识输出。这三个领域构成了英语合作学习的三层生态系统。

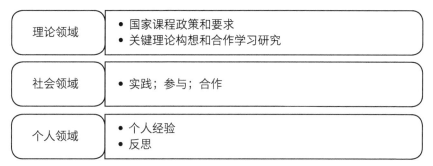

图 1.1　教师专业学习的三个关键领域（参考 Koffeman & Snoek，2019）

理论领域包括国家课程政策和要求、关键理论构想和合作学习研究。理论政策及相关研究可以为教师提供系统的知识和专业指导（Orchard & Winch，2015）。本书第三章对相关研究进行了回顾和总结。

社会领域包括各种形式的学习，比如从实践中学习、参与或合作的学习等。本书为教师提供在英语课堂和在线教学中实施合作学习的策略和教学设计案例；同时借鉴社会学习理论（Bolam et al.，2005；Wenger et al.，2002），为教师提供实践性材料、反思问题和任务及相关技术参考，让教师能够在现实和虚拟环境中合作并组建他们的社区以进行专业学习。

个人领域与教师的个人经验有关，这是教师学习最有效的来源之一（Eekelen et al.，2005）。这种学习发生的催化过程是指通过反思帮助教师将他们的隐性知识与从社会和理论领域学到的显性知识联系起来（Enthoven & de Bruijn，2010；Kelchtermans，2009；Koffeman & Snoek，2019）。本书在每章的末尾都提供了反思问题，供教师将他们的个人经验与理论、原则和实例联系起来，以支持他们在实践中的应用和创新。

1.2　读者定位

本书的读者包括从事语言教育的硕博研究生、广大高校语言教师及相关研究人员。对于研究者而言，本书回顾整理的合作学习相关理论与研究应是有益参考；对于教师而言，本书可能提供更多启发。

尽管合作学习的好处是显而易见的，并且得到了研究结果的支持，但许多教师发现，它在课堂上的实施过程仍然面临挑战。这可能是因为缺乏对合作学习教学方法的研究，以及如何将理论和研究应用到教学实践的培训（Gillies et al.，2008）。本书囊括了合作学习的相关研究和主要理论观点，以及适合中国文化背景的实践案例活动，可以帮助教师理解合作学习的内涵并丰富其课堂实践。

许多教师担心没有足够的时间来学习一种新的教学方法并组织相关课堂活动。诚然，新方法的成功实施需要统筹规划、设定运行程序、监控过程和评估结果（Gillies et al.，2008）。本书涵盖了丰富的教学示例以及相关理论与研究支持，旨在为教师专业发展提供资源，使教师对合作学习产生更深刻的认识，进而推进教学反思与创新。

1.3　内容结构

第一章强调合作学习教学法的重要意义，指出实施过程中的挑战，简要介绍本书的设计思考、读者定位和各章内容。

第二章回顾和整合合作学习相关理论与框架，简要介绍合作学习的定义、相关概念与理论，以及合作学习与协作学习之间的差异，并总结合作学习的基本原则及其对学生个体发展包括语言学习的积极影响。这为后续设计合作学习实践活动提供了理论基础。

第三章主要针对近20年间有关国内英语教学中合作学习的研究进行系统性的文献综述，讨论合作学习在英语教学中的研究趋势、有效性、挑战和未来研究方向。通过文献综述我们发现，这方面的研究在逐年增加。而在比较了国内外研究之后，我们可以了解，尽管研究环境不同，学界在合作学习的有效性方面有着基本一致的发现。

第四章根据 Bronfenbrenner（2005）的生态系统理论（又称人际生态论），从宏观、中观和微观三个层面解释说明合作学习在实施过程中可能面临的制约与挑战。宏观层面指国家政策与文化背景；中观层面包括教育体系和学校层面的影响；微观层面指课堂实践，包括教师的认知、学生的态度及学习方式、测试评估、班级规模等。生态系统理论框架不仅可以帮助解释环境因素对学生个人发展的影响，同时也有助于阐明学生课堂实践对所处环境产生的逆向影响，这种双向关系也是支持合作学习的基本原理。根据这一框架，本章依次给出应对挑战的教学策略与解决方案。

第五章主要介绍一系列有利于促进以学生为中心的英语合作学习课堂教学活动。这些活动主要根据第二章中阐释的合作学习原则进行设计，按照活动的不同特征大体分为四类，包括：（1）促进合作小组形成的活动；（2）增强学生责任感的活动；（3）增强学生相互依靠与信任感的活动；（4）提升学生社交能力的活动。每项活动可能反映多个原则，因此分类主要基于每项活动的突出特点。这些活动也是针对国内英语课堂中实施合作学习的挑战来设计的，例如以教师为中心的教学、大班授课、被动学习、小组学习中的冲突。本章对各种类型的活动都作了具体示例，并提供相关的扩展练习、教学反思和推荐阅读材料，教师可以根据实际教材与课程需求来选取适合的活动。

第六章首先概述不同测评方法及其对支持合作学习的重要性，以及实施过程中的相关挑战。针对这些挑战，我们回顾了测评方法相关研究，举例说明测评任务设计和测评标准的设置；着重介绍了终结性测评、形成性测评和差异化测评这三种广泛使用的评估方式，以及如何将它们应用在合作学习的课堂中。这些设计将有助于教师根据不同的学生需求和教学环境开展测评与教学扩展活动。

第七章首先介绍了互联网技术从 Web 1.0 到 Web 3.0 的发展及其对教学的影响。技术辅助学习的一个突出特点是，它通过改变传统教师中心的教学模式来更好地支持学生学习。其次，本章根据互联网技术的发展阶段，重点介绍了有利于辅助合作学习的几项技术，包括基于 Web 2.0 交互技术的在线写作平台、思维导图软件、移动社交媒体和语言类慕课（Language MOOCs，简称

LMOOCs），以及基于 Web 3.0 的虚拟世界和智能技术。每个部分都介绍了相关研究成果，并配有详细示例活动。

　　本书附录部分整合了可以用于教学和课堂实践的资源列表，包括书籍、期刊文章、在线资源、辅助合作学习的技术与应用，以及供教师参加专业培训的会议信息。

第二章　理解合作学习

本章总结与概括合作学习的理论基础、基本原则，合作学习与协作学习的异同，以及合作学习对学生个体发展包括语言学习的益处。

2.1　合作学习的理论基础

支持合作学习的主要理论基础有社会心理学（social psychology）、发展理论（developmental theory）、动机理论（motivational theory）、认知心理学（cognitive psychology）和多元智能理论（theory of multiple intelligences）（Lee et al., 1998；Slavin, 1996）（见图 2.1）。每个理论观点都为合作学习的一些关键原则提供理论支持。

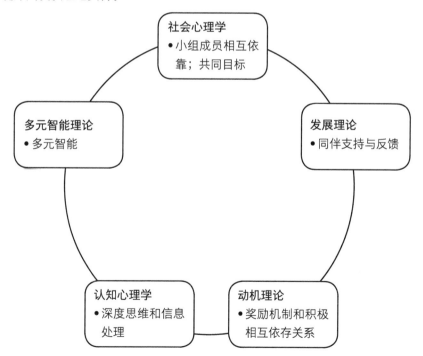

图 2.1　合作学习的主要理论基础（参考 Lee et al., 1998；Slavin, 1996）

2.1.1　社会心理学

社会心理学强调，积极的相互依存关系是促进群体合作和凝聚力的重要因素（Aronson et al.，1978；Cohen，1994；Sharan & Sharan，1992）。此外，社会心理学侧重在不同文化背景的群体成员之间建立和谐的关系（Allport，1954）。这些基本原则也被应用于合作学习：建立小组工作的共同目标；保证小组成员平等的地位；确保小组成员的合作关系。基于此理论基础，研究人员设计了一些合作学习活动来帮助培养小组成员之间积极的相互依存关系（Johnson & Johnson，1975；Slavin，1996），比如拼图（jigsaw）活动（Aronson et al.，1978）和小组调查（group investigation）活动（Sharan & Sharan，1992）。这些活动的详细流程将在第五章中介绍。

2.1.2　发展理论

发展理论认为，社交互动是促进发展的动力与来源（Piaget，1980；Vygotsky，1978），知识产生于我们与他人的互动中（Lee et al.，1998；Slavin，1996；Vygotsky，1978）。尤其是 Vygotsky 的最近发展区（zone of proximal development）[1] 理论强调，合作学习在儿童成长时期具有重要作用。在和同伴讨论、协商和交流观点的过程中，学生的社交技能、认知技能和学习效能都可以得到提高。同时，同伴的反馈可以帮助学生进行自我测评并取舍不同的观点（Damon，1984），从而提升他们的思辨能力。基于发展理论的一个比较典型的合作学习活动是结构化辩论（structured controversy）（Johnson & Johnson，1994），详细的活动说明将在第五章中介绍。

2.1.3　动机理论

合作学习的动机源自学习中的刺激–反应模式（Bandura，1965）。该模

1　最近发展区指的是"孩子现有的独立解决问题的实际发展水平与在成人指导或同伴合作下解决问题的潜在发展水平之间的距离"（Vygotsky，1978：87）。

式主要基于行为主义理论，认为学生的学习行为建立在对刺激作出的反应之上。这一理论鼓励通过正向强化比如肯定、赞赏、支持、奖励等来激励小组成员实现学习目标（Slavin，1995）。这些正向强化不仅可以增强小组成员之间的积极相互依存关系，也会促使大家相互支持、共同努力来取得成功并得到奖励（Slavin，1996）。例如，在合作学习小组的测评中，每个小组成员都需要参加一个单独的测验，但整个小组的奖励是根据每个成员的进步程度而定的（例如，比较每个成员任务前和任务后的个人测试成绩）。因此，为了让全组获得奖励，所有小组成员都需要互相帮助，以提高成员各自在测验中的表现（Slavin，1996）。

2.1.4　认知心理学

认知心理学认为，学习是认知重组的过程，即将新知识与现有知识相结合的过程（Slavin，1996）。基于认知心理学的最有效的学习方法是向同伴总结和阐述学习内容，从而发展深度思维（Craik & Lockhart，1972；Lee et al.，1998）。基于认知心理学设计的活动，其共同特点是学习过程包含了同伴反馈与同伴辅导，例如阅读活动 MURDER（Hythecker et al.，1988）。MURDER 是情绪（Mood）、理解（Understand）、回忆（Recall）、检测（Detect）、阐述（Elaborate）和复习（Review）的首字母缩写。具体解释如下（Lee et al.，1998：66）：

- 情绪：创造一个轻松的情绪氛围。
- 理解：成员各自静默阅读以理解阅读内容。
- 回忆：每个成员分别总结阅读的主要思想。
- 检测：另一个成员找出回忆中的错误或被遗漏的信息。
- 阐述：双方都用文中例子，结合各自的意见提问并进一步阐述对文章的理解和想法。
- 复习：在完成所有步骤后，两个成员共同回顾总结整篇文章的主要内容。

类似的阅读和写作合作学习活动还包括"合作剧本"（cooperative scripts）等（Dansereau，1988），我们将在后文作详细介绍。

2.1.5　多元智能理论

Gardner（1983）的多元智能理论将人类智能大体分为八类：语言智能、数理逻辑智能、空间智能、身体运动智能、音乐智能、人际智能、自我认知智能和自然认知智能。其中，人际智能是合作学习的关键（Lee et al.，1998），学生也可以通过与他人合作不断发展他们的人际交往能力（Sutarman et al.，2019）。一些合作学习活动涵盖了多种能力的应用与训练（Armstrong，2009）。例如，小组调查活动（见第5.3.2节）依据每个小组成员所擅长的能力来分配不同的角色：语言智能突出的成员可以负责编写脚本，具备空间智能优势的成员可以担任设计师的角色。

2.2　合作学习的基本原则

在过去30年的研究中，学者们发现，当学生们能够确定一个共同的目标，并为此去协商交流、共同努力完成时，他们在学术成果质量与社交能力方面都会有所提升（Johnson & Johnson，2002；Kagan，1994；Slavin，1996）。这也从侧面验证了Glasser（1990）的观点：我们通常在所见所闻中能够学到50%的知识，在与他人交流讨论中学到70%，而在亲身经历中学到80%。如今，团队合作技能已经成为大多数职业所必需的一项基本技能（Johnson & Johnson，1999；Kagan，1994）。这就意味着教师的任务绝不单单是传授专业知识，而是需要为学生提供合作学习的机会，并设计相关活动使他们亲身体验交流合作的过程。

在讨论如何实施合作学习之前，我们首先需要了解合作学习的基本原则。Johnson & Johnson（1994）针对合作学习提出了五项基本原则：（1）相互依靠；（2）个人责任；（3）组员互动；（4）社交技能；（5）小组进程协商。其他研究者对合作学习的理解虽有不同的侧重点，但都大致基于这五项原则。Olsen & Kagan（1992：8）在其定义中也特别强调了合作学习中"相互依靠"和"个人责任"的原则："合作学习是一种有组织的小组学习活动，学习进程取决于小组成员之间的结构化信息交换；每个成员都应对自己的学习负责，并有责任合作促进他人的学习成果。"

Jolliffe（2007：4）的定义同样突出了这两个原则："合作学习要求学生以小组的形式一起工作，互相支持，以提升小组共同学习成果。"Jolliffe 特别指出了"相互依靠"原则，即每个小组成员都需要通过支持其他小组成员来为小组学习作出贡献。学生需要意识到，他们的进步需要团队成员的支持与共同努力（Herrmann，2013）。小组成员在互动、解释、阐述观点和讨论的过程中，能够实现知识的共享与创新（Ifeoma et al.，2015；Loh & Ang，2020）。第二项原则"个人责任"意味着每个小组成员都需要完成自己相应的任务（Jolliffe，2007）。为了确保各个小组成员承担各自的责任从而实现共同目标，在合作学习中，有必要对每个人在小组工作中的贡献作出评价（Loh & Ang，2020）。

第三项原则"组员互动"和第四项原则"社交技能"是相辅相成的。社交技能是学生参与合作学习的必备技能之一（Johnson & Johnson，1995），该技能可以确保组员彼此之间的良好互动。学生并不是天生就拥有出色的社交技能，而是需要通过明确的指导和学习过程来培养。因此，如果要实施合作学习，教师就需要同时训练学生必要的社交技能。例如，如何与他人进行有效沟通、如何充当领导者的角色、如何实现彼此信任、如何共同决策协商或解决冲突、如何采纳与整合不同观点，等等（Johnson et al.，2013）。

最后一项原则"小组进程协商"也是合作学习的重要组成部分。小组成员需要共同监督进度，并互相给出反馈意见来提高成员们的参与度（Ifeoma et al.，2015；Loh & Ang，2020）。小组进程协商同时也有助于增强小组成员之间的相互依靠以及解决问题的能力（Cavanagh，2011；Johnson & Johnson，2009；Loh & Ang，2020）。Johnson & Johnson（1995）认为，如果小组定期反思他们完成任务的情况以及有待改进的地方，那么他们的学习进程就会更加高效。Dörnyei（1997）也指出，定期的小组进程协商可以增强学生的学习和社交技能。

除了以上五项合作学习的原则之外，Gillies & Boyle（2011：10）还强调了设立共同目标的重要性："合作学习涉及学生在小组中彼此合作并实现共同目标。"这里需要澄清的是，布置小组作业并不一定意味着合作学习，简单地将学生分在一组做作业并不能使他们自主地开展合作。Jolliffe（2007）也强调了设立一个共同目标的必要性，这样才能促使学生参与讨论并互相帮助来完成任务。

总的来说，实施合作学习的前提是学生拥有能够进行合作学习的基本技能。在这个过程中，教师应该具有敏锐的洞察力，通过观察和测评来确定学生需要加强的技能（Goodwin，1999）。Johnson et al.（1993）列出了由简入繁的四个层次的合作学习技能（见表2.1）。

表2.1　合作学习技能总结

技能水平	合作学习的技能	表现方式
相对简单 ↓ 相对复杂	形成型技能	组织团队并规划预期结果。
	运用型技能	保持小组成员之间的有效沟通，例如：表达自己的想法和寻求帮助。
	制定型技能	建立高阶思维并理解学习任务要求，例如：总结、给予反馈和评论等。
	发展型技能	激活学生对已学内容的回顾，承认并确定认知空缺，推理或解释结论。

关于合作学习活动的框架，Olsen & Kagan（1992）列出了四个方面：（1）构建目标——团队工作应该有一个共同的目标；（2）构建奖励机制——根据小组成员表现分级授予整个小组和个别成员奖励；（3）构建不同的组员角色——每个小组成员都应有特定的任务或角色；（4）创建合作学习的共享材料。本书第五章将详细介绍如何构建和组织合作学习。

2.3　合作学习与协作学习

这一部分主要阐明"合作学习"（cooperative learning）与"协作学习"（collaborative learning）两个概念的异同。一些研究人员将合作学习和协作学习视为"同一事物的两个版本"，因为这两个概念具有相似的终极目标，即帮助学生通过合作来提高学习技能（Bruffee，1995）。合作学习的理论背景相对比较具体，包括教育学、心理学和社会学；协作学习的从属更加广泛，涉及整个人文社会科学。一些学者和研究人员也常把这两个概念互换使用（Cottell & Millis，1992）。它们的共同点总结如下：

·强调主动学习比被动接受信息更有效；

- 教师的角色都是发挥辅助作用的指导者；
- 教与学是教师和学生之间共享的经验；
- 需要平衡教师的指导与小组活动的比重；
- 重在培养学生的思维能力、社交和团队合作能力，以及学习责任感；
- 培养学生的多样性价值观（Matthews et al.，1995：37）。

但是，合作学习和协作学习之间也存在一些差异。首先，协作学习的范围更广，包括从课堂活动到院系和学科之间的合作（Matthews et al.，1995）。针对课堂学习的环境，表2.2从理论角度、学习者的结构样态、教师角色等方面，总结了这两个概念的特征和区别（Bruffee，1995；Davidson & Major，2014；Matthews et al.，1995）。

表2.2　合作学习与协作学习的特点

	合作学习	协作学习
教育阶段	一般为小学、中学及大学预科教育	一般为高等教育
小组结构和指导	学生被分配到结构化的小组活动中，在团队合作中根据特定角色完成一系列要求或任务。	学生必须共同努力组织和管理自己的小组，并协商角色。
教师角色	教师在小组周围观察学生的互动，倾听学生的对话，回答相关问题，并在必要时进行干预或指导。	教师不会主动监督小组工作。
活动结束时	教师要根据小组表现给予一个简短的总结，并要求学生演示和提交一份简短的小组工作报告。	举行全体会议，学生可以继续为呈现最终成果而努力。
技能培训	包括小组社交技能的培训，如积极倾听和向小组成员提供有效反馈。	没有相关社交技能的训练，因为协作学习的前提假设是学生已经获得了完成任务所需的社交技能。
评价和小组进程协商	经常执行小组进程协商任务；学生评价小组的运作模式以及小组成员的参与度和表现。	无小组进程协商；评价较少，学生需要自己处理和解决组员冲突。
相互依靠	成员之间存在充分的结构化的相互依靠关系。	结构化的相互依靠关系不显著。

需要明确的是，尽管大多数关于合作学习的研究都集中在小学和中学教育，但这并不意味着合作学习不适合高等教育课堂。由于大部分国内学生在中小学阶段面临较多竞争性的选拔考试，所以他们合作学习的经验和技能可能并不充分。就实际情况而言，如果大学生在中小学阶段并没有充足的结构化合作学习的经验，那么建议先为他们提供结构化合作学习的机会，来培养他们的团队合作和社交技能，之后再指导他们参与自由度相对较高的协作学习（Davidson & Major，2014）。这也是本书支持在大学英语课堂实施合作学习的原因之一。

同样，教师的参与程度也取决于学生的需求。如果学生没有完全掌握独立组织、管理小组和解决冲突所需的社交技能，教师仍然需要提供相关培训和支持来协助与评价小组合作。当然，如果通过密切的观察发现学生已经逐步熟悉和掌握了这些技能，教师可以逐渐降低干预程度。至于合作学习中教师的干预是否会违背以学生为中心的教学理念（Bruffee，1995），我们认为这两者之间没有明确的界限，而是取决于教师干预的程度。只要教师根据他们对自己学生的了解和需要进行适当的干预和指导，合作学习和协作学习之间的区别并不重要（Matthews et al.，1995）。合作学习的小组教学方法往往更加结构化，对教师的建议也更加详细。由于本书的目的是支持教师在大学课堂实施合作学习，因此我们专注于介绍合作学习的原则、理论基础和结构化课堂活动。

尽管合作学习和协作学习的侧重点各不相同，并有各自的研究发展和实践体系，但这两种方法之间仍存在较大的相似性。合作学习和协作学习的共同理念都是将教育视为"一种所有人都承担责任并有机会作出贡献的学习机制"(Matthews et al.，1995：37)。

2.4　合作学习对学生及其语言学习的益处

自 20 世纪初以来，大量的研究证实了合作学习在不同学科领域的有效性(Johnson & Johnson，1994)。研究表明，合作学习可以给学生的学术、心理、社会和行为表现等方面带来益处（Gillies & Boyle，2011；Johnson & Johnson，1994；Jolliffe，2007；Sharan，1980；Slavin，1995）。

在学术方面，合作学习可以提高学生的学业成就，提升学生学科间的融合能力、高阶思维技能和学习迁移能力（Johnson et al.，1998），培养学生解决问题的能力（Jolliffe，2007）、主动学习能力（Entwistle & Waterston，1988；Kremer & McGuinness，1998；Ruël et al.，2003）和沉浸式学习能力（McGraw & Tidwell，2001）。此外，合作学习为学生提供了相互讨论、支持和测评的机会（Gillies，2016）。

在心理方面，通过参与合作学习，学生的自尊心（El-Anzi，2005；Jolliffe，2007；Killen，2006；Slavin，1995）和自信心（Slavin，1995）都得以增强。同时他们的社交互动技能（Johnson et al.，1998）和抗压能力（Jolliffe，2007）也都有不同程度的提升。

在社会领域，通过合作学习活动，学生能够与来自不同背景的同龄人建立友好关系（Johnson et al.，1998），提高管理冲突的技能（Johnson & Johnson，1996），同时也能增强在集体中的归属感（Harvey，2007）。

在学生行为方面，学生往往在合作学习中比在以教师为中心的课堂上更投入（Galton et al.，2009），注意力不集中的情况也因此得到了改善（Gillies & Boyle，2011；Kutnick & Berdondini，2009）。

此外，有特殊需求的学生也可以从合作学习中受益（Putnam et al.，1996）。研究发现，在合作阅读练习中，有学习困难的学生通过与同学讨论和制定学习计划，显著改善了他们的阅读理解和语言表达能力（Felder & Brent，1994；Piercy et al.，2002；Stevens & Slavin，1995）。

因此，合作学习已成为教学中最有价值的学习策略之一，不仅可以提升学生的思维能力，还可以增强学生解决问题以及整合知识和技能的能力（Johnson & Johnson，2001；Johnson et al.，1998；Slavin，1995）。然而，合作学习的有效性取决于一些关键因素，包括合作学习活动的组织与安排，对学生的明确指导和小组成员之间的有效互动（Slavin，1988；Webb，1991），以及学生的社交技能（Gillies，2008；Gillies & Boyle，2010）。

同时，相关研究发现合作学习对语言学习也大有益处。合作学习在20世纪80年代被引入语言教学，在90年代后期成为第二语言教育的主要研究领域之一（Dörnyei，1997），之后便在语言教学和学习中得到了广泛的运用。合作学习对语言学习的益处特别体现在这一点，即它可以为学生提供更多使用目标语言的机会，帮助他们克服语言学习的焦虑。此外，合作学习也可以增强学生的信心，提高他们应对压力的能力，使学生更愿意参与语言学习。同伴之间的积极依靠关系有利于学生更多地练习目标语言来与同伴沟通（Dörnyei，1997）。Zhou（2012）认为，合作学习创造了一种以学生为中心的、相对包容和健康的学习环境。这样的环境，相较于传统的、以教师为中心的教学模式，可以更有效地激励学生，尤其是那些性格内向和课堂参与度较低的学生学习外语。总的来说，大多数关于合作学习的研究表明，参与合作学习有助于学生在语言能力、社会技能、自我效能感和态度、元认知技能等方面获得提高。

2.5　总结与反思

本章回顾了关于合作学习的不同理论观点与实施原则。据相关文献和研究显示，合作学习在提高学生的语言能力、社会技能、自我效能感和态度、元认知技能等方面具有积极作用。在接下来的第三章中，我们将主要针对过去近 20年间国内英语教学中有关合作学习的研究进行系统性的文献综述，总结研究趋势与面临的挑战，提出未来可能的研究领域。

反思问题

1. 合作学习有哪些优势？
2. 合作学习的关键要素是什么？
3. 请您结合自身教学环境，与其他教师讨论如何将合作学习成功融入课堂。

第三章　文献综述

本章主要对近 20 年间国内英语教学中的合作学习相关研究进行综述，探讨合作学习在英语教学中的发展趋势、有效性、挑战和未来研究方向。文献综述表明，该方面研究的文献数量有一定增长，虽然国内外研究环境不同，但对合作学习的成果能够达成一定的共识。

3.1　国内英语教学合作学习文献综述

从发表情况看，合作学习实证研究类的文献综述文章仍有较大发表空间。本章着重总结国内合作学习情况的相关研究[1]，分析特定文化背景下的研究趋势。本章中的文献综述涵盖从 2004 年至 2021 年发表的关于合作学习的文章，集中在国内外期刊发表的、经过同行评审的论文；主要从 Web of Science、ProQuest Education Database 和知网中进行文献检索（Gusenbauer & Haddaway，2020），搜索字符串包括"合作学习""协作学习""英语教学""大学英语教学"和"高等教育"。表 3.1 列出了纳入和排除的标准。需要说明的是，知网的文献搜索将 CSSCI 核心期刊作为纳入标准，因为核心期刊的评审过程严格，具有广泛的影响力和受众面。

表 3.1　纳入和排除的标准

	纳入	排除
发布时间	2004—2021 年	2004 年以前和 2021 年以后
语言	英文或中文	英文和中文以外的其他语言
文章类别	学术同行评审的期刊文章，包括理论性和实证研究的期刊论文；知网中 CSSCI 核心期刊来源的文章	未经学术同行评审的文章，如书籍章节、书评、学位论文、研究方法不清晰的文章；知网中非 CSSCI 核心期刊来源的文章

（待续）

1　本章涉及的国外研究以对国内合作学习情况的研究为主，同时也对他国的合作学习情况有部分提及。

（续表）

	纳入	排除
访问条件	在 Web of Science、ProQuest Education Database 和知网中编入索引，提供全文访问	不提供全文访问

检索和筛选过程遵循 PRISMA[1]，第一步从检索开始，随后是标题和摘要的筛选，以及完整的论文筛选。每个步骤都严格遵循表 3.1 中规定的纳入和排除标准。经过三轮检索和筛选，共筛选出 71 篇论文进行终审。PRISMA 也记录下每个步骤中被检索、排除和保留的论文数量（见图 3.1）。

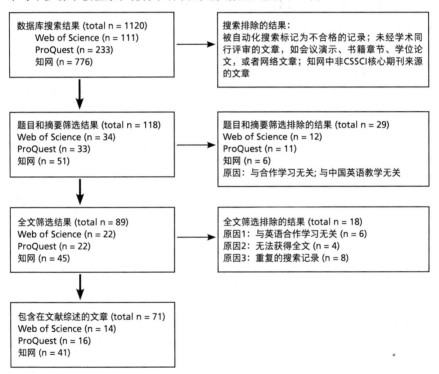

图 3.1 PRISMA 检索和筛选过程（参考 Page et al.，2021）

---

1 PRISMA 是用于系统评价和荟萃分析中最基本的实证选项，也可以用作报告系统综述的基础。

本章将对选定的 71 篇国内外期刊文章进行两轮分析：第一轮分析主要关注发表年份、类型和研究背景；第二轮分析侧重实证研究论文相关研究方法设计、合作学习的学习成果（包括学生的语言能力、社交技能、自我效能感和态度、元认知技能等），以及实施合作学习中遇到的阻力。最后基于这些分析，对未来的研究方向提出建议。

3.1.1　年度分布、类型和研究背景

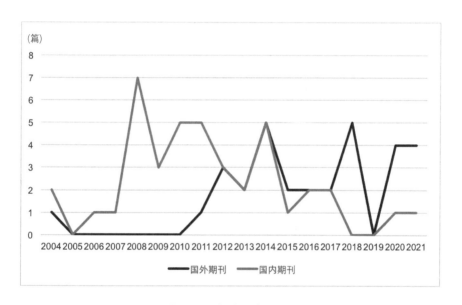

图 3.2　年度分布情况

如图 3.2 所示，国内期刊文章在 2008 年达到最高点，之后有所起伏，但整体呈下降趋势。一种原因可能是部分作者开始转向国外期刊的发表，但也有后续重视不足的原因。国外期刊文章发表时间则相对滞后。2004—2010 年间，国外期刊文章年度分布保持在较低水平，2011 年开始有所增加。之后有起伏，但整体呈上升趋势。2012—2017 年间，国内外期刊文章数量基本一致。之后国外期刊文章数量超过了国内期刊文章数量。

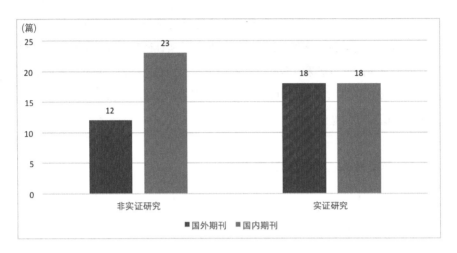

图 3.3 研究类型

图 3.3 总结了所选文献的研究类型。国内期刊文章中近一半（18/41；44%）的论文都是实证研究，国外期刊文章中有五分之三（18/30；60%）都是实证研究。其余的文章则没有实证数据，主要涉及研究者个人观点陈述及教学活动设计。入选文章数量最多的前五种国内外期刊分别列在图 3.4 和图 3.5。在 30 篇选定的国外期刊文章中，有 2 篇文章所发表的期刊被认为是一区期刊（指数数字来自 SCImago Journal & Country Rank 网站）。通常，H 指数越高，说明期刊发表文章的质量越高，阅读量和引用量也越高。

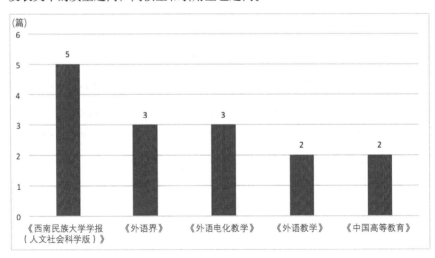

图 3.4 发表期刊（国内）

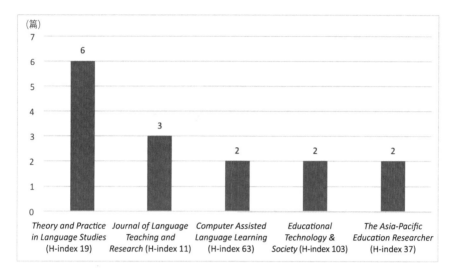

图 3.5　发表期刊（国际）

　　文献综述发现，国内外研究的共同趋势是关注在线或者电脑技术支持的合作学习（Ng et al., 2022）。在本章所选的 71 篇国内外期刊文章中，有 36 篇（约50%）是关于运用网络技术为合作学习创造新的学习环境和提供技术支持的。我们也会在第七章重点介绍辅助合作学习的相关平台和软件。

3.1.2　实证研究论文的研究方法设计

　　在所收集的国内外 36 篇实证研究文章中，有 14 篇（39%）采用混合方法，包括定量和定性两类数据。定量数据主要是问卷调查和语言测试结果；定性数据包括访谈或学生在合作学习活动中的互动记录和观察记录。有 10 篇（28%）采用实验设计（包括准实验设计）方法来测试合作学习的有效性。有 10 篇（28%）采用其他定量方法，主要涉及调查结果的统计分析。只有 2 篇（5%）采用定性研究方法（见图 3.6）。

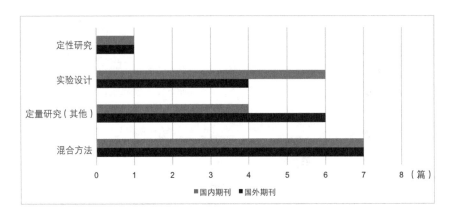

图 3.6　研究方法设计

在这些文章中，数据收集方法主要包括六种：问卷调查、访谈、测试、讨论和对话记录、课堂活动观察记录、行动研究。问卷调查是最常用的数据收集方法（25/36；69%），访谈通常与问卷调查数据及测试一起使用（13/36；36%）。12 篇期刊文章（33%）使用测试结果作为主要数据。另外 4 篇期刊文章（11%）除了调查或测试结果外，主要结合了学生的讨论和对话记录作为定性数据。国内期刊中的 2 篇文章（6%）还使用了课堂活动观察记录。另有 1 篇（3%）以教授的行动研究过程记录为主要数据。总的来说，在 36 篇实证研究论文中，15 篇（42%）使用了多种数据收集方法，以此来提高研究设计的有效性和可信度（见图 3.7）。

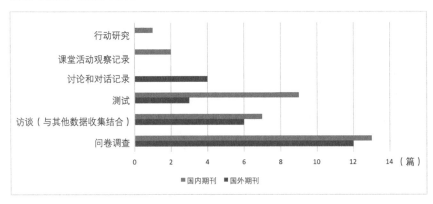

图 3.7　数据收集方法

在研究数据收集期限方面，在 36 篇期刊文章中，有 13 篇（36%）的数据收集覆盖了大学一整个学期[1]，约 16 到 20 周。有 13 篇(36%)文章的数据收集期限是在一个学期以内，2 周至 15 周不等。有 4 篇（11%）文章没有报告其数据收集期限的信息，其研究数据以访谈和一次性问卷为主。有 6 篇（17%）研究时长达到一年甚至更久，其中国内期刊文章有 5 篇（见图 3.8）。

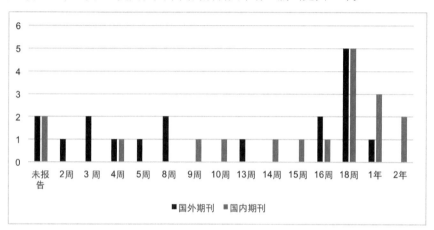

图 3.8　数据收集期限

3.1.3　合作学习的学习成果

在所调研的实证研究中，大多数国内研究都集中在测试合作学习对提升学生语言能力、社交技能、自我效能感和态度，以及元认知技能方面的有效性上。本节中的表 3.2 总结了这些实证研究的主要研究结果。就合作学习在学习成果方面的作用而言，国际相关研究与国内研究有着基本一致的发现。这进一步佐证了在国内英语教学中实施合作学习的有效性。

3.1.3.1　对学生语言能力的影响

通过文献综述，我们发现，合作学习有助于提高学生的英语学习水平，包

1　国内一学期一般为 18 周，1 个单元一般需要 2 周的教学。

括英语沟通和运用能力（刘爱军，2011；刘萍，2009；孙琼，2010）、口语能力（邹晓玲等，2008）、英语阅读记忆（Zhang，2012）、英语写作水平（Jiang，2016；Teng，2020，2021），以及整体英语学习成绩（Nan，2014；邵钦瑜、何丽，2014；肖铖、琼达，2014；张威、郭永志，2012）。同时，研究发现在线合作学习比传统模式的合作学习更有效（Kuo et al.，2015；刘爱军，2011），这与国际范围的研究发现相一致，特别是英语口语能力提升方面（Ehsan et al.，2019）。我们将在第七章中介绍一系列在线合作学习的相关研究和设计。

3.1.3.2　对学生社交技能的影响

研究表明，合作学习可以鼓励学生平等参与，增强他们的社交技能（董连忠，2011；高艳，2010），并能有效提升学生的责任感、自信心、凝聚力和理解力（Ning，2013；邵钦瑜、何丽，2014）。其中有一些研究发现，形成性评价体系（冷兆杰，2008；孙琼，2010）和基于网络或多模态的学习环境能有效促进学生的合作学习（曹佩升，2008；李春光，2013）。还有研究发现，合作写作活动在增强初学者和能力较高的英语学习者之间的互动方面具有积极推动作用，特别是能够优化他们在人际沟通方面如寻求帮助和给予同伴反馈时的策略（Li & Zhu，2013）。但也有一些研究表明，合作学习并不能显著提高学生的某些社交技能，例如同理心和冲突管理技能（Ning，2013）。这表明教师需要设计一些能够培养这些社交技能的合作学习活动。同时，在少数民族学生的英语学习环境中，当不同民族背景的学生组成小组时，教师需要考虑这种差异带来的文化冲击和适应的问题。因此教师需要采用多样的分组策略（肖铖、琼达，2014）。

有些国际研究发现，合作学习可以提升学生人际沟通的策略（Dzemidzic Kristiansen et al.，2019；Gagné & Parks，2013；Loh & Ang，2020；Zairul，2020）。针对冲突管理，基于社交网络平台的合作学习活动可以帮助学生获得更多的解决社交冲突问题的经验（Al-Samarraie & Saeed，2018）。另有一些研究发现，合作学习的效果更多取决于学生互动的质量而非数量。同时，教师需要为合作学习创造良好的条件，监督和促进小组成员之间的互动（Dzemidzic

Kristiansen et al.，2019）。比如，在英语教学中，教师需要教学生一些实用性短语，来帮助学生顺利参与合作学习活动（Asakawa et al.，2016；Gagné & Parks，2016）。

3.1.3.3　对学生自我效能感和态度的影响

研究表明，与传统学习方法相比，合作学习可以使学生在英语学习和小组工作中的自我效能感得到更多提升（Li，2012；Yang et al.，2016）。同时，学生对合作学习也表现出更积极的态度和偏好（Huang，2020；Wang，2012；Yang et al.，2014；曹佩升，2008；简晓明等，2006；龙菡，2015；应洁琼、宁强，2017；张瑾，2008）。参与合作学习后，学生学习英语的动机增强了（Ning & Hornby，2014），焦虑感减少了（Jiang，2016），课堂参与度也提升了（蒙岚，2020）。例如一项实验研究发现，合作学习和结果教学法产生了相同的写作成效，但是合作学习组的学生在语言技能和写作策略方面提高较多，且写作的焦虑感有所减轻（吴荣辉、何高大，2014）。

这些发现与国际上其他英语学习背景下合作学习的研究结果一致（Ahmadian et al.，2015；Al-Tamimi & Attamimi，2014；Ehsan et al.，2019；Sarobol，2012；Suwantarathip & Wichadee，2010），即合作学习可以帮助提升学生的自我效能感、自尊心和对小组的归属感（Loh & Ang，2020；Møgelvang & Nyléhn，2023）。

3.1.3.4　对元认知技能的影响

除了语言和社交技能的提高，研究还显示了合作学习对元认知技能的积极影响（Teng，2021），比如英语写作中的元认知调节（Su et al.，2018；Teng，2020）。学生反映，如果在合作学习中加入元认知提示，他们的元认知知识和调节都会有所改善（Teng，2021）。通过文献综述，我们发现，不少关于合作学习的研究都集中在学习的认知和社交技能方面。这意味着合作学习与元认知调节之间的关系仍将是一个需要探索研究的领域。

国际上的相关研究表明，如果学生对合作学习的过程缺乏了解，他们的元认知技能发展就不显著（Cavic et al.，2019）。这意味着需要让学生充分了解合作学习的重要性和应用过程（Dzemidzic Kristiansen et al.，2019；Johnson & Johnson，2009）。

3.1.3.5 实证研究总结

本节将通过表格的形式呈现实证研究的主要内容，以期为读者提供启发。

表 3.2　实证研究总结

发表年限	作者	研究重点	研究方法	数据收集期限	研究发现
2006	简晓明、程乐华、林耀群、陈映苹	五种不同合作学习评价机制的优劣比较，适合中国高校不同学科合作学习的新型评价机制和评价方式探索	定量研究（其他）	2 年	合作学习要有科学的评价模式和管理方法。研究预测，评价机制中加入小组平均成绩对初次接触合作学习的学生更适用。
2008	曹佩升	网络环境下的合作学习效果	实验设计	16 周	基于网络的合作学习对学生的语言知识、合作精神、能力、态度、情感和经验等方面都产生了积极的影响。
2008	邹晓玲、田小丽、朱永蓉	计算机辅助英语口语课堂合作学习的优势	实验设计	18 周	计算机辅助口语合作教学有助于提高学生的口语能力。
2008	张瑾	学生对大学英语课堂教学的评价与期望	定量研究（其他）	未报告	学生希望老师在大学英语课堂融入合作学习的策略。
2008	冷兆杰	形成性评估模式在大学英语教学中实施的效果和影响	混合方法	1 年	形成性评估模式促进了学生的自主学习，也培养了学生的合作学习能力。

（待续）

（续表）

发表年限	作者	研究重点	研究方法	数据收集期限	研究发现
2009	刘萍	适应能力培养机制在大学英语课堂的实践效果	实验设计	1年	适应能力培养机制通过改进评估机制和优化合作学习任务，可以有效促进学生在合作学习中的参与度，提高他们的语言运用能力和现代信息技术能力。
2010	孙琼	独立学院大学英语教学形成性评价体系的效果	混合方法	18周	形成性评价体系能有效培养学生的合作学习能力和自主学习能力。
2010	高艳	项目学习在大学英语教学中的应用	定量研究（其他）	9周	项目学习为学生提供了小组合作的机会并锻炼了他们的人际交往能力。
2011	刘爱军	网络环境下合作学习模式在大学英语教学中的实践	混合方法	18周	网络环境下合作学习教学模式有助于提高学生的英语学习水平和语言运用能力。
2011	董连忠	第二课堂的合作学习对大学英语教学的辅助作用	定量研究（其他）	18周	通过第二课堂的合作学习，大多数学生的语言学习技能和合作学习能力得到了提升。
2012	张威、郭永志	学习共同体模式在大学英语课堂的有效性	实验设计	1年	学习共同体模式有助于学生的英语学习，其中包括利用小组形式促进学生合作学习。
2013	李春光	多模态化的教学模式在音体美专业大学英语教学中的应用	混合方法	18周	多模态的学习环境能有效促进音体美专业学生的合作学习。

（待续）

（续表）

发表年限	作者	研究重点	研究方法	数据收集期限	研究发现
2014	邵钦瑜、何丽	基于网络与课堂混合环境下的大学英语合作学习模型构建	实验设计	14周	合作学习有利于克服学生的孤独感，增强他们的自信心及人际交往能力；同时也有利于提升学生的语言习得能力和语言水平。
2014	吴荣辉、何高大	合作学习在大学英语写作教学中的应用效应	混合方法	15周	合作学习能帮助学生克服写作困难和写作焦虑，提升学生的语言使用技能和写作策略。
2014	肖铖、琼达	针对少数民族学生的大学英语合作学习的有效方法	实验设计	2年	学习成绩相对较低的班级经过两年的合作学习，学习成绩有显著提高。
2015	龙菡	适合大学英语教学的项目式翻转课堂模型探索	混合方法	4周	项目式翻转课堂的一大特点就是合作学习；统计数据证明了学生对合作学习环节的高度认可。
2017	应洁琼、宁强	应用合作学习改进大学英语口语教学	混合方法	10周	学生对口语课堂中实施合作学习教学模式比较满意；经过不断改进，学生的英语口语水平、学习积极性与参与度都有所提高。
2020	蒙岚	从学生角度探讨以学生为中心的大学英语课程思政教学路径	定性研究	未报告	合作学习和同伴互评可以深化学生在大学英语课程思政中的参与度。
2012	Rucheng Li	计算机辅助的"基础英语"课程程序对学生合作学习的影响	混合方法	1年	大多数学生在与同龄人的在线讨论中感到更加自信和舒适。

（待续）

（续表）

发表年限	作者	研究重点	研究方法	数据收集期限	研究发现
2012	Qiaoying Wang	合作学习对学生自主学习英语的影响	定量研究（其他）	13 周	合作学习有助于培养学生的自我指导能力，并对学生的英语学习态度产生积极影响。
2012	Yan Zhang	合作学习和传统教学方法对学生英语阅读的不同影响	实验设计	8 周	合作学习策略可以提高学生在英语阅读中的成绩。
2013	Mimi Li; Wei Zhu	计算机交互模式下学生使用 wiki 合作小组写作对英语学习的影响	定性研究	5 周	在线互动有三种关键模式：集体贡献与相互支持、权威与回应、主导与退缩。集体贡献与相互支持的模式带来了更多的英语学习机会。
2013	Huiping Ning	合作学习对英语学习者社交技能发展的影响	准实验设计	18 周	合作学习提高了英语学习者的整体社交技能，特别是在平等参与和责任承担方面。
2014	Junfeng Yang; Kinshuk; Huiju Yu; Sue-Jen Chen; Ronghuai Huang	跨文化在线协作学习计划	混合方法	4 周	英语学习者对跨文化在线协作学习持积极态度。
2014	Hua Nan	合作学习对英语学习者大班学习的影响	定量研究（其他）	18 周	合作学习在提高英语学习者在大班环境中的学业成绩方面具有有效性。
2014	Huiping Ning; Garry Hornby	合作学习对英语学习者学习积极性的影响	实验设计	18 周	合作学习在提高英语学习者的内在动机方面是有效的。

（待续）

（续表）

发表年限	作者	研究重点	研究方法	数据收集期限	研究发现
2015	Xianmin, Yang; Jihong Li; Xiaoshan Guo; Xiaojie, Li	英语学习者依托互动网络和在线合作翻译活动实现知识建设的行为模式	混合方法	3周	研究结果无法确定在线合作翻译的方法在多大程度上会影响学生的英语学习成绩。
2016	Dongmei Jiang	合作学习对缓解英语学习者写作焦虑的影响	实验设计	18周	在参与合作写作过程后，学生的焦虑减少了，他们的英语写作能力得到了提高。
2016	Xianmin Yang; Xiaoshan, Guo; Shengquan Yu	在线合作翻译对英语学习者的专业英语翻译兴趣和自我效能感的影响	混合方法	3周	合作翻译提高了学生的参与度，这与他们在翻译中的兴趣和自我效能感呈正比。
2018	Ruiying Niu; Lin Jiang; Yuan Deng	搭档合作写作如何影响英语学习者的辅助策略使用	混合方法	2周	低水平对低水平的搭档产生了更多与语言相关的情节，相比于高水平对高水平和高水平对低水平的结对搭档，他们会使用更多的辅助策略。
2018	You Su; Yanyan Li; Hening Hu; Carolyn P. Rosé	英语学习者在参与计算机辅助的合作阅读活动中的自我和社会调节	定量研究（其他）	16周	所有群体在合作活动中都表现出积极的社会监管意识，在高绩效群体中呈现出更持续的监管意识。
2018	Xue Gong; Lingling Liu	中国大陆和台湾地区英语学习者在线合作学习的比较分析	混合方法	未报告	中国台湾地区的学生更依赖老师的帮助和反馈，中国大陆的学生则主要依赖小组成员间的联系和讨论。

（待续）

（续表）

发表年限	作者	研究重点	研究方法	数据收集期限	研究发现
2020	He Huang	影响小组合作学习结果的因素	定量研究（其他）	未报告	任务流程和人际流程都对团队满意度有重要影响，但只有人际流程对团队绩效有重大影响。
2020	Mark Feng Teng	合作元认知教学对英语学习者学术写作和元认知意识的影响	定量研究（其他）	18周	合作元认知教学可以改善学生在学术写作和元认知调节方面的表现。
2021	Mark Feng Teng	合作元认知提示对英语学习者元认知意识和写作成果的影响	定量研究（其他）	16周	元认知提示下的合作学习增强了学生的元认知意识，优化了写作成果。
2021	Xiaoming Yang; Xing Zhou; Jie Hu	学生对座位安排的偏好如何影响他们在英语课堂合作学习活动中的参与	混合方法	8周	半圆形座位安排比行列座位安排更适合学生融入合作学习活动。

3.2　实施合作学习的阻力

根据对实证和非实证研究论文的总结与分析，我们发现，在中国英语课堂实施合作学习的阻力主要源于三个方面：以教师为中心的传统教学观念，考试和竞争带来的压力，以及试图避免冲突的传统价值观。

受传统文化的影响，教师通常在课堂上扮演"知识权威者"的角色，这导致以教师为中心的教学观念一直占据主导地位（Chen，2021；Chen & Liu，2017；Han，2014）。因此，如果要有效地开展合作学习，教师需要转变自己的角色和调整课堂实践方法。同时，教师需要参加相应的培训来获得更多的专业技术和知识，从而在课堂中设计和实施合作学习的相关活动（刘爱军，2011；

蒙岚，2020)。进行合作学习前，教师也需要对学生展开关于沟通技巧、同伴互评和合作策略方面的培训（刘萍，2009；吴荣辉、何高大，2014)。

　　一些研究人员意识到，在中学实施合作学习的一个挑战是高考带来的竞争与压力（简晓明等，2006)。同时，竞争性考试的影响也会一定程度上延伸至高等教育，导致学生之间充满竞争意识而非合作意识（Chen，2021)。因此，为了确保合作学习的有效开展，我们建议教师在实施合作学习和保留学生个人学习时间之间找到平衡，并对小组成员的责任提出明确的期待和要求（邵钦瑜、何丽，2014)。

　　与此同时，有研究者指出，传统价值观中避免冲突的观念与合作学习中的冲突管理观念相悖（Tjosvold & Fang，2004)。但这种担忧是不必要的。虽然传统文化讲究以和为贵，但是也提倡和而不同，这种对不同观点的包容性就是处理冲突的一种策略。在技术和操作层面，潜在的冲突也可以通过分组策略来解决，即通过分组来加强小组成员间积极的相互依靠，鼓励不同成绩水平的学生互相帮助，积极参与小组活动（Wang，2012)。采用差异化测评方法，加强个人责任，都可以避免群体贡献不均的问题（Wang，2012；Yang et al.，2015)。具体的分组活动和测评方法将在第五章和第六章介绍。

3.3　总结与反思

　　通过文献综述，本章提出了几个合作学习相关的未来研究方向。第一，研究者可以尝试制定适用于国内英语课堂环境的教学设计来实施合作学习。第二，合作学习与学生元认知调节之间的联系还需要更多的研究探索，特别是长期纵向研究。第三，在研究方法方面，建议采用更多的案例研究。不同的案例研究能促进合作学习在不同背景下的实施，还可以为个人或团体的合作学习提供有价值的信息。第四，建议继续设计在中小学教育阶段实施合作学习的研究，从小培养学生的传统人文思想价值观，将其应用于合作学习。总的来说，通过文献综述，我们可以看出，在国内英语教学环境中实施合作学习仍是一个有较大研究潜力的领域。

反思问题

1. 请您根据自身情况，分析在课堂中实施合作学习需要得到哪些支持和培训。

2. 请您根据本章有关合作学习的文献综述和研究趋势的讨论，构思并设计一个小型研究项目。

第四章　制约与挑战

大多数教学创新的有效实施都基于教师在认知层面的提升或改变，并在设计相关实践活动的过程中考虑如何解决已存在的问题。本章根据Bronfenbrenner（2005）的生态系统理论，从宏观、中观和微观三个层面解释说明合作学习在实施过程中可能面临的制约与挑战。具体来讲，宏观层面指国家政策与文化背景；中观层面包括教育体系和学校层面的影响；微观层面指课堂实践，包括教师的认知、学生的态度及学习方式、测试评估、班级规模等。这一理论框架不仅可以解释环境因素对学生个人发展的影响，同时也有助于阐明学生课堂实践对所处环境产生的逆向影响，这种双向关系也是支持合作学习的基本原理。可以说，该理论适合探索学习者的合作学习过程，可以帮助我们分析和理解个体与环境之间复杂的相互联系（Han Ye，2019）。

van Lier（2004）认为，语言教育的研究需要同时考虑多个方面，如宏观（如语言政策）和微观（如学习者心理）方面的语言学习生态。生态系统理论将语言学习的环境进一步细化，支持研究人员确定各种环境的影响因素以及它们之间的相互作用，突出环境和人以及不同层次的环境之间的关系（Chong et al.，2023）。该理论已经被应用于语言教育的多个研究方面，比如教师在英语教学改革中的能动性（Yang，2015），学生对英语教师提供的书面纠正反馈的接受度（Han Ye，2019），学生对彼此的反馈（Chong，2021），语言和内容结合的教学（Hofstadler et al.，2021）。本书的创新贡献之一即是将生态系统理论框架用于分析合作学习的实践。根据这一框架，表4.1列出了在实施合作学习中每个层面可能面临的制约与挑战，稍后本章也会依次给出应对这些制约与挑战的教学策略及解决方案。

表 4.1　生态系统理论框架下实施合作学习的制约与挑战

生态框架	制约与挑战
宏观层面	标准化考试及其影响
中观层面	院校机构层面的制约与挑战
微观层面	教师和学生理念认知上的挑战

4.1 宏观层面：标准化考试及其影响

在宏观层面，标准化考试的传统对教师的教学理念与课堂教学实践都会造成较大的影响。例如，在强调标准化考试的环境下，如果学生的表达能力与批判性思维并不在考试范围内，那么这些技能在教学中就很有可能不被重视（Han，2014）。因此在国内外语教学环境中，虽然宏观层面的教学改革已在逐步调整与改变，但合作学习仍面临两个关键挑战：应试文化和以教师为中心的教学模式。

在许多尤其是受到儒家文化传统影响的国家或地区，考试具有很高的地位并被视为教与学的评判标准（Chen & Liu，2017；Han & Yang，2001）。应试教学的重要性导致家长、学生以及教职人员过多关心考试成绩，并将其作为教育的目的，而忽视了学习过程（Rao & Chan，2010）。家长和学生普遍认为，只有取得良好的考试成绩，才能获得教育深造的机会与更好的就业途径。这也就进一步激化了通过考试选拔的竞争性，如同"千军万马过独木桥"一般（Cheng & Curtis，2010）。然而，过度强调应试使学生忽略了传统儒家文化中合作与相互学习的理念。竞争性的入学考试大多集中在小学至高中阶段，相比之下，高等教育中的竞争强度相对较低，因此在过去十年中，对于合作学习的研究大多集中在高等教育（Chen & Liu，2017；Ning，2013；Ning & Hornby，2014）。在高等教育阶段，学生不但要掌握学科知识内容，还需要具备分析能力、接受多种意见并在不同的群体中合作的能力（Johnson & Johnson，2014；Loh & Ang，2020）。在此阶段，合作学习的主要挑战是以教师为中心的教学模式。

在世界各地倡导合作学习的大环境下，国内的教育改革旨在重新审视西方国家语言学习研究产出的实证依据，从以教师为中心和知识传递为主导的教学模式，转变为以知识建构和自主学习为主的模式（Halstead & Zhu，2009；Yu & Wang，2009；Zhu，2002）。这种理念已被纳入 2007 年大学英语教学改革。其中，2007 年教育部办公厅印发的《大学英语课程教学要求》指出，要注重培养学生的自主学习能力和终身学习能力，能够使学生自主选择学习材料和方法，获得学习策略方面的指导（教育部，2007）。《普通高中课程方案和语文等学科课程标准（2017 年版 2020 年修订）》也提倡关注学生的学习过程，通过任务导向的教学设计促进学生自主、合作、探究地学习，同时在内容上有机融入中华优秀传统文化（教育部，2020）。此标准支持教师角色从主导者到引导者的转变，鼓励教学理念和方向从重视应试教育调整为重视学习过程和对人文价值观的培养。这一教学方向的回归与传统儒家文化中的协同和合作学习的理念相适应，意味着合作学习的推广并非完全是借鉴西方理论与实践的结果，也是基于对中国传统文化的反思和吸收。

4.2　中观层面：院校机构层面的制约与挑战

在院校层面，每个学校或学院自身的文化和教学环境也会直接影响教学创新的实施。这些影响因素包括院校方面的教学制度和要求，例如教学大纲、进度安排、规定课程完成率以及对国家教育政策的不同解读（Han，2014；Yang，2015）。在院校机构层面实施合作学习的主要制约因素与挑战包括三点：集中化教学管理、大班教学和相关学习资料的短缺。

某些院校层面的集中化教学管理在一定程度上限制了教师在教学活动中的自主权和创新能力（Han，2014）。在这种环境下，实施合作学习面临的首要挑战是如何统一教学进度并保证课程完成率。尤其是当教学进度与测评挂钩时，教师会担心如果不能在规定时间内完成所要求的学习内容，学生在期中或期末考试中可能处于不利地位（Yang，2015）。这种担忧和压力限制了他们尝试教学创新和实施合作学习活动的时间和空间。比如一项对部分瑞士中小学教师的调查表明，超过 40% 的受访者只是偶尔使用合作学习活动，只有 33% 的受访者经常使用合作学习。对他们来说，最具挑战性的部分是如何挤出适当的课堂时间将合作学习嵌入课程和评估中（Buchs et al.，2017）。一些教师可能会间歇性地组织学生参与合作学习活动，但是这种不连贯性反而导致学生消极对待合作，也可能进一步降低教师对教学创新的信心（Gillies & Boyle，2010；Loh & Ang，2020）。因此，为了有效实施合作学习活动，院校机构对教师的支持变得尤为重要（Baloche & Brody，2017；Buchs et al.，2011；Jacobs & Renandya，2019；Thanh，2014）。

大班教学是另外一个制约合作学习实施的巨大挑战。大班教学在很多国家，尤其是亚洲国家中较为普遍（Han，2014）。随着班级规模的扩大，教师会更倾向于使用以教师为中心的方法（Loh & Ang，2020）。有些教师觉得在大班教学的环境中很难创造出让学生合作学习的机会，然而这一问题可以通过合理的结构化分组得以解决（参考 4.3.1 节），同时教师需要付出更多努力来管理学生在小组活动中的行为。一些研究人员认为，4—5 名学生组成的小组学习效果最佳，因为较大的小组中可能存在分工不平等、小组管理混乱、学习效率低下甚至学生遭受排挤的问题（Gillies，2007；Johnson & Johnson，1994），而这些问题可能会给学生的学习动机和学习态度造成负面影响（Chen，2021；Rao & Chan，2010）。

学习资料的短缺是实施合作学习的又一项挑战，特别是在中小城市和偏远地区。在比较传统的教学环境中，很多教师的教学还是以课本为主，如果课本中没有设计好的合作学习活动，教师又没有相关的培训，额外设计合作学习活动就会增加教师的工作量和负担，也很难持续（Zhu et al.，2010）。然而，技术的快速发展丰富了教与学的互动模式（Gerstein，2014），多样的移动技术与应用程序可以突破地理距离的限制，让学生可以随时随地搜寻资料并进行学习交流，不仅可以节约教师教学的时间和成本，还可以为学生提供即时反馈（Godwin-Jones，2019；Ilic，2015）。教师可以借助数字化／开放式的学习资源，包括免费且易于访问的网络平台，供学生搜索学习材料（视频、音频、文本等）。我们将在第七章详细介绍在 Web 2.0 和 Web 3.0 环境下合作学习的设计和示例活动。

总而言之，理想的教学模式与实践之间总是存在差距。为了更好地应对实施合作学习可能面临的挑战，一方面，教师需要通过寻求不同的解决方案来克服困难；另一方面，学院管理层面也需要作出调整，尤其是在课程计划、评估实践和教学资源方面为合作学习提供支持（Chen，2021；Chen & Liu，2017）。学院方面可以不定期组织教师培训或相关研讨会，通过同事之间或与专家间的讨论、分享或评估活动，培养教师的创新能力，以更好地应对教学中遇到的问题或挑战（Benegas，2019；Clarke & Collins，2007；Loh & Ang，2020；Postholm，2012）。当教师将一种新的教学方法和知识理念付诸实践时，他们可能会遇到不可预测的结果或困难（Benegas，2019；Loh & Ang，2020）。这种情况下，来自学校的持续支持对于教师而言是必要的。学校可以创造机会支持教师之间合作或教师与专家合作开展新的教学实践。这些互动有助于教师将新知识、理论或理念进一步消化，思考如何应用在教学上，并对实践和挑战进行反思与评估（Loh & Ang，2020）。

4.3　微观层面：教师和学生面临的挑战

在微观层面，实施合作学习的挑战需要从教师和学生两方面考虑。教师面临的挑战包括教师角色的转变和对合作学习的认知误区。学生面临的挑战包括对现有学习模式的转变，以及如何与合作学习小组成员建立良好的相处模式。针对目前存在的认知误区，我们需要结合特定的文化背景来分析，同时参考有关合作学习的实证研究，提出可行的解决方案。

4.3.1　教师面临的挑战：教师角色的改变和对合作学习的认知误区

4.3.1.1　教师角色的转变

几个世纪以来，高等教育的主要教学策略还是以教师为中心的。对一些教师来说，放手可能很难，这也成了实施合作学习的一个障碍。在合作学习中，教师的角色是帮助者、促进者、导师或者向导，而学生在整个过程中是学习和知识构建的积极参与者（Baloche & Brody，2017；Loh & Ang，2020）。在权力从教师转移到学生的过程中，对于教师角色的讨论通常涉及两种极端情况：一种是教师作为教学中的绝对权威，将想法与知识强加给学生，将学生视为被动的知识接受者，而非主动的学习者；另一种则是"散养式"管理模式，放任学生在没有任何支持或干预的情况下自主学习（Han，2014）。这两种情况都可能对学生的学习成果和师生之间的互动与关系产生不利影响。而合作学习的主要目的之一是培养学生的责任担当意识，同时它也要求教师在学生自主学习和合作学习的过程中有计划地承担责任。这就意味着教师需要清楚地意识到他们在合作学习活动中所扮演的角色、拥有的权力与责任方面的变化。例如，当学生积极探究并提出疑问时，教师应该将其视为积极参与的表现，而不是对个人权威的挑战。同时，教师的角色和任务不再是单纯地传递信息与知识，而要在准备和组织小组活动方面作更详细的计划，例如针对学生个体差异分配任务，评估学生在小组中的表现，在小组活动完成时提供反馈（Han，2014）。此外，一些教师认为合作学习只能改善学生的学习态度，而不能提高他们的知识积累和创新能力（Johnson & Johnson，2002）。然而这一观点并不准确，因为通过一些实用的课堂合作学习活动，学生的写作与口语技能都能得到有效提高（Jiang，2016；Teng，2020，2021；Wei & Tang，2015）。

合作学习能否成功实施在很大程度上取决于教师。教师需要为合作学习创造良好的条件，促进和监督学生之间的互动（Dzemidzic Kristiansen et al.，2019）。在合作学习中，教师的职责包括为学生设计并组织小组任务；辅导并鼓励学生在小组中学习和承担责任；在小组任务过程中，教师应观察、监督和评估他们的学习进度，并提供建设性的反馈（Loh & Ang，2020 ）。然而，并非所有教师都熟悉合作学习。多项研究都强调了培养教师实践合作学习的必要性，特别是在如何支持、监测和评估学生方面。如果教师掌握了相关知识和技能，合作学习的成功率就会提高。同时研究发现，那些相信合作学习理念的教师会更频繁地使用和推广合作学习（Buchs et al.，2017；Dzemidzic Kristiansen et al.，2019）。相应的教师培训可以增加教师知识、改善教学方法、提升可以用于实践的策略和技能。从更广泛的角度来说，教师培训也应该包括课程设计或与同行的合作（Loh & Ang，2020）。这也是本书的目的和用途之一，即辅助教师的专业发展和培训。

教师培训需要满足两个条件才能取得显著效果。第一，当教师与同事一起接受培训时，效果会比较好。教师通过与同事的交流分享获取经验和心理支持，同时汇聚集体智慧。而且教师之间的合作可以改变教学观念，改善教学方法和改善关系（Shagrir，2017）。在正式的培训环境中，教师们会有意识地与同伴讨论学习目标或评估自己的教学实践。在这一过程中，他们可能会逐渐地发展出与其他教师合作的信念。这种体验式学习也有助于他们在自己的课堂实施合作学习。本书在每章结尾设置反思问题，也是希望为教师们提供合作和交流的机会。

第二，教师培训需要循序渐进。教学是一项复杂的活动。而教师的学习也是一个由简单到复杂的发展过程。本书的反思问题和活动设计大多遵循了从理解、应用、分析、评估和创新的过程。教师的学习、知识获取和实践都需要时间来发展和巩固，因此有关合作学习的教师培训是一个长期的过程（Loh & Ang，2020）。

4.3.1.2 对合作学习的认知误区

我们着重讨论关于合作学习的两个认知误区：（1）合作学习等于分组活动；（2）测试分数可以判断合作学习的有效性。针对第一种对合作学习的常见误解，需要澄清的是：简单地将学生分组并不意味着合作学习，因为合作小组的关键特点是通过结构化的分组来激发小组成员互动，并有效结合对个人和整个小组的评估进行统筹安排（Dörnyei，1997；Gillies，2007；Mitchell et al.，2008）。表 4.2 总结了合作学习中的一些分组策略及其优势。

表 4.2　分组策略（参考 Gillies，2007）

分组策略	优势
异质 / 混合能力分组	促进处于中低能力水平的学生取得成就
同质分组	促进有相似能力和背景的学生互动与学习
随机分组	方便操作，提高能力较低学生的参与度和学习能力
友谊分组	方便操作

异质 / 混合能力分组策略是将不同能力水平的学生分配到同一小组，从而使不同能力层面的学生有互动与交流的机会（Loh & Ang，2020；Melles，2004）。研究表明，处于中低能力水平的学生在异质 / 混合能力小组中可以获得更大的学业进步（Lou et al.，2001），能力较高的学生也不会因为参加异质 / 混合能力小组而处于不利地位（Gillies，2007；Zamani，2016）。另外，有特殊需求的学生在异质 / 混合能力小组中更容易被同龄人接受（Gillies，2007；Putnam，2008）。普遍的观点认为，合作学习小组中的学生需要有不同的背景、能力、兴趣等，因此异质 / 混合能力分组策略能更好地支持合作学习（Slavin，2014）。

同质分组是根据学生的能力、性别和 / 或背景进行分组，保证每组中的每个人都处于大概相同的能力水平或背景。有研究表明，同质学习小组的表现甚至优于异质／混合能力小组的表现（Kuo et al., 2015）。在前者中，学生的语言技能和表现也都可以得到相应的提升（Gillies, 2007）。

相较于随机分组（教师将学生随机分配到小组），友谊分组策略允许学生选择他们的朋友作为小组成员。从学生的角度来看，友谊分组会使他们更有动力参与小组合作，因为他们通常更乐意与朋友或信任的人一起合作（Gillies, 2007；Nguyen, 2008）。亚洲学生通常很看重成员之间建立的联系和群体的和谐关系（Hofstede & Hofstede, 2005）。尽管如此，有时一些学生希望在群体中领先的竞争意识仍会限制团队的合作。另外，学生与关系好的朋友在共同合作中还是可能产生冲突，一些不善社交的学生在友谊分组中也可能遭受排挤（Gillies, 2007）。因此，教师需要充分了解学生团队的复杂性以及他们的性格与需求，并为他们提供不同的分组方式（Loh & Ang, 2020）。

一些研究发现，在亚洲国家或受儒家文化影响的环境下，学生更偏向于由一个教师任命的小组领导者来带领小组学习（Luo & Yeung, 2016）。然而，无论采用哪种分组策略，教师都需要确保每个组员对小组活动有相对同等的贡献。为了保证公平，教师可以为每个学生分配特定的角色，以此来增强他们的小组参与和学习自主性；委派每个组员一定的责任，以便小组中的学生有机会平等地为实现小组共同目标作出贡献。当学生完成一项任务时，教师应该观察和监控他们的进度，以评估他们的学习效果。此外，小组任务的设计应加强学生之间更密切的互动和联系（Shimazoe & Aldrich, 2010），比如通过利用学生之间的信息差和不同的分组策略来促进学生之间互动和交流。第五章将详细介绍这些活动。

关于第二个认知误区，需要指出的是，并非所有参与合作学习的学生都能在测试成绩上获得更高的分数（Tan, 2017），但合作学习的确可能给学生带来丰富的深度学习体验。当学生明确学习目标并有意识地参与争取目标达成的学习过程时，他们就可能实现深度学习（Çolak, 2015）。深度学习不仅仅包括测试分数的提高，还包括合作技能的提高和对合作的深入了解。然而，这些方面并不能完全在测试分数上体现出来。同时，如果教师和学生并没有完全习惯合作学习的方法，或者学生没有积极参与合作学习，只是表面地、被动地参与学习，合作学习的效果和质量都会受到影响（Kember & Kwan，2000；Prosser & Trigwell，2014；Tan，2017）。这意味着教师不但要从教学设计上鼓励和加强学生的积极参与，也要采取多样的测评方法来检验合作学习的质量和效果，而非以测试分数为单一标准。本书第六章将详细介绍合作学习相关的多种测评方法。

4.3.2 学生面临的挑战：学习模式的转变和小组成员间的相处

　　学生是合作学习的主体，也是决定合作学习成功的关键因素。高等教育阶段的学生更成熟，拥有更高的认知思维能力。然而，一些因素会对他们参与合作学习的效果造成阻碍，比如根深蒂固的学习方式、合作学习相关知识及培训的缺乏（Loh & Ang，2020）。学生在参与合作学习时主要面临两个挑战：一是如何接受并习惯合作学习的学习模式；二是如何与小组成员相处，特别是如何应对成员之间的冲突。在学习模式方面，一些学生可能仍然习惯于扮演被动学习者的角色，希望听从教师的建议与要求，而非主动学习。在教师和父母有较强主导权的环境中，这一特点更为突出（Jacobs & Renandya，2019）。也有一些学生更喜欢自学，并不太习惯在学习中与同伴互动合作。这意味着很多学生需要一个过程才能逐步熟悉和适应合作学习的方式。当他们发现通过与同学讨论能更好地学习到新知识、新技能后，他们就会更容易接受合作学习的方式（Loh & Ang，2020；Tadesse & Gillies，2015）。因此，教师需要循序渐进地帮助学生培养合作学习的模式，在教学实践中构建合作学习的文化氛围：例如，可以先从两人一组的活动开始，然后再逐步安排以四人为单位的小组，这样对学生和教师来说都更容易接受与管理；在小组任务方面，先安排一些简单的学习任务，或者为学生提供任务列表，让学生从中自主选择他们擅长或感兴趣的任务（Jacobs & Renandya，2019）。这些策略可以帮助学生树立信心，并带来更强的动力继续参与合作学习。同时，研究发现，合作学习中互动的核心要素是组员之间的互相帮助，例如互相沟通彼此对任务的理解，主动寻求帮助，共同完成学习任务（Johnson & Johnson，1999；Gillies，2003）。而且学生的互助行为具有带动性，可以引发更多组员之间的互助（Dzemidzic Kristiansen et al.，2019；Gillies，2003）。

为了应对学生在小组活动中与组员发生冲突的挑战，我们首先要分析可能造成小组成员之间矛盾的原因。Kagan & Kagan（2009）列出了小组工作中常见的 8 种不同类型的问题行为：（1）拒绝团队合作；（2）被排挤；（3）太害羞内向而不能充分参与小组活动；（4）喜欢支配其他人；（5）对组员表现出敌意；（6）过分寻求关注；（7）容易跑题或导致组员偏离主题；（8）破坏组员关系或合作项目。

虽然以上行为都可能会导致组员之间的冲突（Gagné & Parks，2013，2016；Sarobol，2012），但冲突并非不可避免，通过增强组员间的相互依靠和个人责任，可以确保每个学生的平等参与。例如，在小组活动任务分配时，建议给每个成员安排一个特定的角色，使其负责小组任务的特定环节，以此来确保大家平等分工，共同努力来完成任务。传统理念中"和而不同"的集体主义价值观对小组活动中的冲突管理也有帮助（Tjosvold & Fang，2004；Tjosvold et al.，2003）。因此，教师需要帮助每个小组确定一个共同的学习目标，并尝试在教学中培养学生的社交技能，例如从他人的角度想问题，掌握基础的谈判技巧，以礼貌的方式表达不同意见，以此来鼓励并帮助团队成员之间建立更紧密的关系（Gagné & Parks，2013，2016）。

同时，学生需要时间来接触和体验合作学习的过程。学生在小组合作方面的经验越多，对合作学习的接受度就越高。与传统学习方法相比，学生需要时间来熟悉和适应合作学习，积累不同的互动经验，以了解如何与不同的人合作共事，并在这一过程中实践、讨论、吸收和发展创造新知识（Genç，2016；Tadesse & Gillies，2015）。这意味着教师需要设计不同的小组活动，方便学生获得充足且多样的小组合作经验。本书第五章详细介绍了不同的小组活动及鼓励学生互动的方式。其中，彼此提问、同伴反馈和任务模板都有助于学生之间的互动和对任务的理解（Gnadinger，2008）。

4.4　总结与反思

本章根据 Bronfenbrenner（2005）的生态系统理论，主要讨论了在宏观、中观和微观层面实施合作学习的制约、挑战以及常见误区，并提出了一些建议和解决方案。在接下来的第五章中，我们将介绍各种合作学习活动，以便教师在课堂中应用和实践。

反思问题

1. 合作学习和小组活动之间的主要区别是什么？

2. 以 3—4 名教师为一组，相互分享在课堂上实施合作学习时所遇到或者可能遇到的挑战；讨论如何应对这些挑战，并列出一些可行的解决方案。

第五章 合作学习课堂活动

本章主要介绍一系列有利于促进以学生为中心展开合作学习的英语课堂教学活动。这些活动主要根据第二章中阐释的合作学习原则进行设计，按照活动的不同特征可大体分为四类：(1) 促进合作小组形成的活动；(2) 增强学生责任感的活动；(3) 增强学生相互依靠与信任感的活动；(4) 提升学生社交能力的活动。每项活动可能反映多个原则，而这一分类主要基于每项活动的突出特点。这些活动也是针对在中国英语课堂中实施合作学习的挑战来设计的，例如以教师为中心的教学方式、大班授课、学习者的被动态度和小组学习中的冲突等。本章展示了多种类型的活动案例，并通过文本和图表详细说明，同时提供了扩展练习、教学反思及推荐阅读材料，教师可以根据实际教材与课程需求来选择适合的活动。

5.1 促进合作小组形成的活动

本节主要介绍 5 种促进合作小组形成的活动：(1) 三步访谈 (three-steps interview)；(2) 合作寻宝 (cooperative treasure hunt)；(3) 合作听写 (dictogloss)；(4) "桌垫" 填充 (placement)；(5) 加—减—趣 (plus-minus-interesting，简称 PMI)。第四章中介绍的分组策略也可以应用在这些活动中，以帮助实现以学生为中心的教学，引导学生对自己的学习承担更多的责任，并解决实施合作学习时权力转移的问题。

5.1.1 三步访谈

三步访谈活动是 Kagan（1994）提出的一项有助于加强学生之间交流与互动的课堂活动，主要由教师向学生提出一个开放式问题，学生根据问题互相采访。示例如下：

【活动话题】

How is the lifestyle in China nowadays different from that 10 years ago?

准备：将学生两两分组；给每个学生5—10分钟来准备英语访谈问题。

步骤1：在每一组中，学生A根据准备的问题采访学生B，限时5—10分钟。

步骤2：每组学生互换角色，学生B对学生A进行采访，限时5—10分钟。

步骤3：每组学生对采访内容进行总结，共同写一份英文书面报告，然后进行课堂展示与讨论。

【扩展练习】

学生可以在访谈前提前准备与话题相关的新闻或图片，以增强访谈的真实性和课堂趣味性。

【教学反思】

1. 三步访谈是如何促进合作小组形成的？

2. 活动在进行的时候遇到了哪些问题？是否促进了合作小组形成？可能的原因是什么？接下来如何改进？

【推荐阅读】

Barkley, E. F., Cross, K. P. & Major, C. H. (2014). *Collaborative Learning Techniques: A Handbook for College Faculty*. Hoboken: John Wiley & Sons.

5.1.2　合作寻宝

合作寻宝（Goodwin，1999）可以作为一项非常有效的课堂破冰活动。该活动主要利用学生之间的信息差来促进互动和交流，也可以视为拼图活动（参考5.2.4节）的扩展。示例如下：

准备：对学生进行分组（3—4 人每组）；准备带有不同任务的列表（任务示例：Find someone who likes travelling and ask them where they have been; find someone who plays a musical instrument; find someone who shares a hobby or pastime interest with you）。

步骤 1：发给每个小组每个学生一张列表，让他们通过询问其他小组的成员来完成任务。

步骤 2：完成信息收集后，学生返回各自的小组，并与其他小组成员分享信息。

【扩展练习】

除了设计有关个人信息的问题，教师可以选取适合的英语阅读材料，对其进行分割，将不同的部分分配到不同的小组，并根据阅读内容设计问题，学生与其他小组成员进行交流来回答问题。学生在其他小组收集信息、回答问题，之后返回各自小组，合作尝试补全材料内容。

【教学反思】

1. 如何将阅读或写作技巧的训练融入这项活动？

2. 参考实际教学环境，如何依据学生不同的英语水平来设计问题？

【推荐阅读】

Goodwin, M. W. (1999). Cooperative learning and social skills: What skills to teach and how to teach them. *Intervention in School and Clinic*, 35(1), 29-33.

5.1.3 合作听写

合作听写活动不仅可以促进学生之间的互助与协作，还可以训练学生语言能力的多个方面。示例如下：

准备：将学生分成 3—4 人一组。

步骤 1：教师以正常速度朗读文本；学生记录关键内容。

步骤 2：第一次朗读后，每组的学生对比他们的笔记，并尽可能地重构文本。

步骤 3：教师以正常速度第二次朗读文本；学生对已记录的内容进行扩充完善。

步骤 4：每组的学生对比他们在第二次朗读中所记录的笔记，并尝试更完整地重构文本。

步骤 5：教师根据阅读材料的难易程度额外增加朗读次数。

步骤 6：每个小组分享他们共同构建的文本，并将其与原始文本进行对比。

【扩展练习】

在步骤 6 之后，学生可以通过对比找出错误的地方，并反思出错的原因。

【教学反思】

1. 合作听写是如何促进合作小组互动的？

2. 如何以语法或文本结构为教学重点来重新设计这项活动？

【推荐阅读】

Gibbons, P. (2009). *English Learners, Academic Literacy, and Thinking: Learning in the Challenge Zone*. Portsmouth: Heinemann.

Gibbons, P. (2015). *Scaffolding Language Scaffolding Learning: Teaching English Language Learners in the Mainstream Classroom* (2nd ed.). Portsmouth: Heinemann.

5.1.4 "桌垫"填充

该活动有助于学生表达个人观点与意见，并在小组中进行综合汇总。示例如下：

【活动话题】

Features of advertisement

准备：将学生分成 4 人一组，为每个小组提供一张类似桌垫的练习纸（如下所示）。

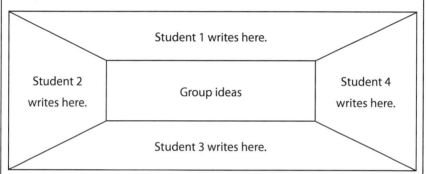

步骤 1：每个小组成员根据阅读材料分享他们对某一广告的理解与想法，然后将其填入"桌垫"的指定位置。例如，每个学生可以从文本中总结出广告的一两个特征。

步骤 2：小组总结，综合每个成员的想法并将其填入"桌垫"中间位置。

步骤 3：邀请一些小组向全班作展示。

【扩展练习】

在步骤 3 之后，可以让每个小组选择一个产品并设计一则广告，同时解释所设计的广告如何体现之前总结的关键特征。

【教学反思】

1. "桌垫"填充活动的缺点是什么？

2. 活动在进行时遇到了哪些问题？可能的原因是什么？接下来如何改进？

【推荐阅读】

Smith, K. A., Sheppard, S. D., Johnson, D. W. & Johnson, R. T. (2005). Pedagogies of engagement: Classroom-based practices. *Journal of Engineering Education*, 94(1), 87-101.

5.1.5 加—减—趣

加—减—趣活动可以被视为"桌垫"填充活动的变体，但侧重于学生对主题或文本的感观或态度。示例如下：

准备： 将学生分成 3—4 人一组，并发给每个小组一份相同的阅读材料和一个 PMI 表格（de Bono，1992）。

Plus	Minus	Interesting

步骤 1： 学生在表格 Plus 一栏填写他们与阅读材料中一致的观点。

步骤 2： 学生在表格 Minus 一栏填写他们与阅读材料中不一致的观点。

步骤 3： 学生在 Interesting 一栏补充根据阅读材料想要了解的更多内容。

步骤 4： 邀请一些小组分享填写的内容，并进行课堂讨论。

【扩展练习】

在步骤 4 之后，学生可以根据小组总结与课堂讨论进行写作扩展练习。

【教学反思】

1. 如何调整活动来增强小组成员之间的互动和交流？

2. 如何调整活动来练习阅读以外的其他语言技能？

【推荐阅读】

Wong, S. (2019). The effectiveness of graphic organizers on the reading comprehension of EFL students: A proposed syllabus. In B. Dubin, M. T. Nguyen & T. Past (Eds.), *Temple University Japan Studies in Applied Linguistics* (pp. 73-79). Tokyo: Temple University Press.

5.2　增强学生责任感的活动

本节主要介绍 5 种增强学生责任感的课堂活动：(1)"点兵点将"(numbered heads together)；(2)"烫手山芋"(hot potatoes)；(3)"窃窃私语"(whispers game)；(4)拼图活动；(5)小组—练习—联赛 (teams-games-tournaments)。这些活动都有助于提升小组成员在学习活动中的责任意识，避免因个别学生逃避责任而引发冲突，从而更高效地完成小组学习任务。

5.2.1　"点兵点将"

这项活动有助于增强学生在小组讨论中的责任感。示例如下（活动改编自 Zezima，2017）：

【活动话题】

Will artificial intelligence replace human teachers in the future?

准备： 一个骰子；阅读材料；讨论问题（例如：What are the advantages of adopting artificial intelligence in teaching and learning, compared to teachers?）。

步骤 1： 将学生分成 6 人一组，每个小组成员用数字 1—6 进行标识。

步骤 2： 提出一个问题，学生进行小组讨论。

步骤 3： 讨论结束，教师掷骰子。根据骰子的数字，邀请每组相应编号的学生分享小组讨论的内容。

步骤 4： 教师提出另一个问题，重复步骤 2—3。

步骤 5： 被抽中的学生分享其观点后，其他学生可以参与讨论，可以对观点进行反驳或扩展。

【扩展练习】

讨论结束后，给学生分配一个写作任务（例如：关于人工智能对教学影响的思考）。

【教学反思】

1. 怎样鼓励学生在小组中积极分享观点并与其他成员讨论？

2. 如何在这项活动中融入更多写作技巧方面的练习？

【推荐阅读】

Bennett, M. (2016). Cooperative learning in the K-12 classroom. The Knowledge Network for Innovations in Learning and Teaching.

5.2.2 "烫手山芋"

此活动为"圆桌讨论"(roundtable discussion)的变体。示例如下:

【活动话题】

Time management

准备: 将学生分成 5 人一组,围成一圈。

步骤 1: 教师提出问题和任务(例如:What challenges do you often meet in time management? What strategies do you use to help time management?)。

步骤 2: 从小组中的某一个学生开始,在练习纸上记录一个可行的答案。

步骤 3: 学生将练习纸顺时针传递(如下所示),相邻的学生接着添加一个新的想法。

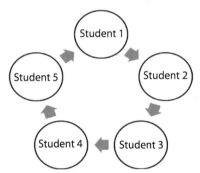

步骤 4: 重复步骤 3,直到练习纸重新回到第一个学生的手中。

步骤 5: 根据添加的内容进行小组讨论。

【扩展练习】

在每个小组结束讨论后,可以继续将练习纸传递给其他小组进行内容扩充与课堂讨论,也可以让学生根据讨论内容练习写作。

【教学反思】

1. 根据不同的课堂教学目标需求，如何调整这项活动？

2. 活动在进行时遇到了哪些问题？可能的原因是什么？接下来如何改进？

【推荐阅读】

Marsland, B. (1998). *Lessons from Nothing: Activities for Language Teaching with Limited Time and Resources*. Cambridge: Cambridge University Press.

5.2.3 "窃窃私语"

这项活动在提供英语听力与口语训练的同时，使学生获得小组合作的机会。示例如下：

准备：将学生分成7—8人一组，每组排成一排；每组选一名小组长站在小组的第一位。

步骤1：教师给每个组长一张卡片，卡片上写着一个阅读材料的关键句子。组长向身后的组员低声说出这句话，然后组员接着又向其后的另一个组员低声说出这句话，以此类推。

步骤2：排在最后一名的组员大声说出句子是什么，教师将其表述与卡片原文进行对比。

【扩展练习】

根据学生的语言水平高低，卡片的内容可以改为词汇、短语、句子或短文本。

【教学反思】

1. 根据不同的课堂教学目标需求，如何调整这项活动？

2. 如何在这项活动中融入写作技巧方面的训练？

【推荐阅读】

Marsland, B. (1998). *Lessons from Nothing: Activities for Language Teaching with Limited Time and Resources*. Cambridge: Cambridge University Press.

Nugraheni, Y. D. (2015). Improving students' mastery of the simple past tense by using Chinese whispers and group grid technique. *ELT Forum: Journal of English Language Teaching*, 4(1), 13-14.

5.2.4　拼图活动

　　拼图活动是增强学生小组责任感的另一项活动（Kagan, 1990）。在课堂中，教师对阅读材料进行分割，将不同的部分发给每个小组；小组成员通过合作讨论对分配的内容进行理解，并以此成为分割内容的"专家"。之后，不同分割内容的专家组成新的小组，与新的小组成员分享解释各自的内容，并通过其他小组专家的分享来学习新的内容。接着学生回到原始的分组，对整体阅读材料进行讨论与深入理解。这项活动适用于不同级别的学生和不同难度的内容。示例如下（改编自 Education World 与 Reading Rockets 网站）：

【活动话题】

　　News reports

准备：将学生分成 4 人一组，并为每组分配一种颜色，形成专家组。给每个小组分配一篇英文新闻报道与阅读理解问题（例如：报道中的主要人物是谁？涉及的主要事件是什么？事件发生在什么地方？事件的后续报道是什么？）。

步骤 1：在专家组中，学生阅读、合作讨论完成阅读理解问题。

步骤 2：每个专家组的学生按照下图重新组合成新的小组（拼图组）（图片来自 SketchBubble 网站）。示例如下：

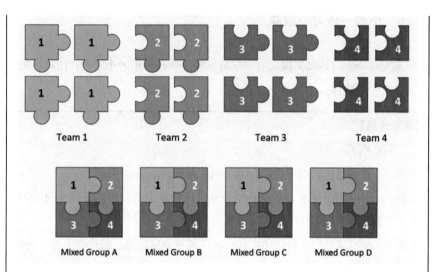

步骤 3：在新的小组中，每个学生在限定时间内分享他们在之前的专家组中读过的新闻以及对阅读理解问题的回答，并合作总结这些新闻报道中常见的语言特征。

【扩展练习】

1. 将新闻报道调整为诗歌、说明文、报告、议论文等，或将一篇长篇故事分割成四个部分，分配给每个专家组进行阅读。

2. 改变拼图组的任务，例如创建海报来展示阅读材料内容等。

【教学反思】

1. 拼图活动如何增强学生在小组合作中的个人责任感？

2. 如何增强小组成员之间的互动和互助？

3. 如何调整这项活动以便更好地匹配学生的语言水平？

【推荐阅读】

Aronson, E. (n.d.). Jigsaw classroom: Overview of the technique.

Clarke, J. (2013). Pieces of the puzzle: The jigsaw method. In S. Sharan (Ed.), *Handbook of Cooperative Learning Methods* (pp. 34-50). Westport: Greenwood Press.

5.2.5 小组—练习—联赛

这是 Slavin（1986）提出的一项借助测评进行分组的小组合作活动，是拼图活动的一种变体。示例如下：

【活动话题】

词汇练习

准备：在此活动前，对学生进行英语词汇测验。

步骤 1：根据测验结果，将高分组和低分组学生混合分组，每组 4—6 名学生，并安排词汇学习任务。

步骤 2：小组学习完成后，学生参加词汇问答竞赛游戏；根据学生答对的次数来计算分数。

步骤 3：累计个人得分计算小组总分，从中选出获胜组。

【扩展练习】

可以增加测验难度，从词汇测验升级到句子级别的测验，如完形填空、句子翻译或阅读理解。

【教学反思】

1. 如何在活动中加入奖励机制来增强学生参加活动的积极性？

2. 活动在进行时遇到了哪些问题？可能的原因是什么？接下来如何改进？

【推荐阅读】

Varişoğlu, B. (2016). Influence of cooperative integrated reading and composition technique on foreign students' reading and writing skills in Turkish. *Educational Research and Reviews*, 11(12), 1168-1179.

Er, S. & Aksu Ataç, B. (2014). Cooperative learning in ELT classes: The attitudes of students towards cooperative learning in ELT classes. *International Online Journal of Education and Teaching (IOJET)*, 2(1), 109-122.

5.3 增强学生相互依靠与信任感的活动

该类别包含 7 项课堂活动：(1)"涂鸦"（graffiti）；(2) 小组调查；(3) 奔跑听写（running dictation）；(4) 结构化辩论；(5) 骰子问题（dice questions）；(6) 合作剧本；(7) 合作写作。这些活动的共同特征是能够增强组员之间的相互依靠，促使他们相互信任，并共同完成学习任务。这些活动都遵循以学生为中心的教学理念，通过不同的分组策略为学生创造更多交流与合作的机会，因此可以应对国内部分英语课堂中以教师为中心和大班教学的问题。

5.3.1 "涂鸦"

"涂鸦"是 Gibbs（1987）提出的一种结合头脑风暴的合作学习活动。最终的成果依赖每个组员的个人分享和补充，这也可以增强整个小组的互相依靠。这项活动可视为"烫手山芋"活动的变体，但不同的是，学生可以用图画的形式表达观点，课堂趣味性更强。示例如下：

【活动话题】

Roles of technologies in teaching and learning

准备：将学生分成 4—5 人一组，为每个小组提供一张"涂鸦"纸。

步骤 1：在小组内，学生在规定时间内根据"涂鸦"纸上的主题（如 benefits of technologies），绘制图画或书写文字表达观点。

步骤 2：将"涂鸦"纸传到其他小组进行内容补充。

步骤 3：重复这个过程，直到"涂鸦"纸回到初始小组。

步骤 4：小组总结与讨论，并进行课堂展示。

【扩展练习】

学生可以根据阅读材料的内容如事件的顺序及人物关系绘制图画，也可以根据"涂鸦"活动中的图画与文字练习写作。

【教学反思】

如何调整这项活动以便增加口语和听力的练习？

【推荐阅读】

Marsland, B. (1998). *Lessons from Nothing: Activities for Language Teaching with Limited Time and Resources*. Cambridge: Cambridge University Press.

5.3.2 小组调查

小组调查活动（Sharan & Sharan，1990）使学生可以在小组中自主讨论分配任务，在学习中扮演更积极的角色。每个组员的角色和任务都不同，但对整体调查活动的完成来说又不可或缺。组员之间需要各自负责并互相依靠来完成任务。示例如下：

【活动话题】

Online business

准备： 将学生分成4—6人一组，安排主要任务，例如：Imagine that your group organizes an online retail shop. Each group needs to decide on types of products you intend to sell and design a catalogue to help demonstrate.

步骤1： 在每个小组中，学生可以根据以下几种角色自主分配任务。例如，电脑技术好的学生负责搜索信息和设计目录；表达能力强的学生负责课堂展示；组织能力强的学生担任协调员；具有编辑技能的学生做抄写员。

Project coordinator	Presenter	Scriber and editor	Information collector	Timeline manager

步骤2： 每个小组进行课堂展示并讨论互动，选出最有创意的设计。

【扩展练习】

1. 改变小组成员在活动中的角色，培养学生不同方面的能力。

2. 小组展示后，请学生进行个人写作练习（如撰写小组合作的收获与心得）。

【教学反思】

1. 这项活动是如何增强学生在小组中的相互信任的?

2. 如何在活动中加入奖励机制来增强学生参与活动的积极性？

3. 活动在进行时遇到了哪些问题？可能的原因是什么？接下来如何改进？

【推荐阅读】

Akdemir, E. & Arslan, A. (2012). From past to present: Trend analysis of cooperative learning studies. *Procedia – Social and Behavioral Sciences*, 55, 212-217.

Marlowe, B. A. & Page, M. L. (2005). *Creating and Sustaining the Constructivist Classroom* (2nd ed.). Thousand Oaks: Corwin Press.

5.3.3 奔跑听写

奔跑听写是另一项增强课堂趣味性的合作学习活动。同样，该小组任务的完成需要依靠每个组员的贡献，从而增强彼此的依靠。书写者和奔跑者之间的信息差会增强组员之间的相互信任。示例如下：

【活动话题】

The news report about the first McDonald's in China

准备：将学生分成 4—5 人一组；将选定的阅读材料放在教室的前端，并确保教室有足够的空间供学生来回跑动。

步骤 1：每个小组指定一名学生为书写者，小组中的其他成员轮流担任奔跑者。

步骤 2：当活动开始后，每组限一名奔跑者到教室前端阅读材料，并尽可能多地记住内容，然后跑回小组口述给负责书写的成员。

步骤 3：完成书写所有阅读材料后，小组成员检查其最终版本；根据完成的速度与准确性，选出优胜小组。

【扩展练习】

在步骤 3 之后，可以让学生练习写作，撰写一份报告，主题是关于麦当劳如何在国内发展并影响人们生活的。

【教学反思】

1. 如何调整这项活动以便适应不同的语言难度?

2. 如何在活动中加入奖励机制来增强学生参与活动的积极性?

【推荐阅读】

Creighton, S. & Szymkowiak, A. (2014). The effects of cooperative and competitive games on classroom interaction frequencies. *Journal of Social and Behavioral Sciences*, 140, 155-163.

5.3.4 结构化辩论

辩论对外语学习者来说是一个有挑战性的任务。结构化辩论不仅可以提高学生的辩证思维能力,还可以有效提升其小组合作意识。学生交换观点和互相补充的过程可以增强他们彼此间的理解和依靠。示例如下:

【活动话题】

University is the only pathway to success.

准备: 将学生分为 6 人一组并提供辩论话题;在每个小组中,3 名成员负责列出支持该话题的论点,其他 3 名成员列出反对该话题的论点。

步骤 1: 小组内分享并讨论观点。

步骤 2: 交换论点,并对列表进行扩充。

步骤 3: 小组内分享并讨论,总结每个论点最有力的论据。

步骤 4: 指定小组为正方或反方,与其他小组进行课堂辩论。

英文活动说明示例如下:

2 minutes: Divide your small group into two groups. One group writes all the supporting arguments for the statement (pros) below. The other group writes all the arguments against the statement (cons).

University is the only pathway to success.

1 minute: Share your lists.

2 minutes: Swap lists.

Each group now lists additional arguments to the opposing side's list.

5 minutes: Share lists again.

Discuss the arguments and determine the single strongest argument for your group, either pro or con (not both!).

【扩展练习】

活动结束后，学生根据辩论中的观点练习写作，比如关于大学教育作用的议论文。

【教学反思】

1. 如何调整这项活动的形式与内容使其适合英语初学者？

2. 学生在活动中可能会用到哪些语言表达与交际策略？如何加强他们这方面的技能？

【推荐阅读】

Davoudi, A. H. M. & Mahinpo, B. (2012). Kagan cooperative learning model: The bridge to foreign language learning in the third millennium. *Theory and Practice in Language Studies*, 2(6), 1134-1140.

5.3.5　骰子问题

骰子问题活动是另一项可以增强小组成员相互依靠与互动的课堂趣味活动。每次掷骰子的随机性造成信息差，所以提问者和回答者需要彼此依靠来完成任务。示例如下：

准备：将学生分为4—5人一组，为每个小组准备一个骰子；告知学生每个骰子的数字分别代表不同的疑问词：1-How、2-Who、3-Why、4-What、5-Which、6-Where。

步骤1： 发给每个小组一份阅读材料，学生在小组内共同讨论并理解阅读内容。

步骤2： 在每个小组中，小组成员轮流掷骰子，根据指定疑问词提问，其他小组成员回答。

步骤3： 教师掷骰子，随机抽取小组根据疑问词进行提问与回答。

【扩展练习】

1. 每组增加一个骰子，其数字对应阅读材料中的不同关键词。每组每次同时掷两个骰子，用得到的关键词和疑问词组成一个问题，让其他组员回答。

2. 让学生尝试以书面形式复述阅读材料内容。

【教学反思】

1. 除了疑问词与关键词，还可以如何更改骰子数字对应的内容？

2. 如何在活动中加入奖励机制来增强学生参与活动的积极性？

【推荐阅读】

Davoudi, A. H. M. & Mahinpo, B. (2012). Kagan cooperative learning model: The bridge to foreign language learning in the third millennium. *Theory and Practice in Language Studies*, 2(6), 1134-1140.

5.3.6　合作剧本

这项活动在合作学习的基础上，对学生的听力与阅读能力都有所训练。学生需要依靠彼此的付出来完成复原视频对话和角色扮演的任务（活动改编自Mancini et al.，1998）。示例如下：

> **准备：**将学生分为 3—4 人一组，利用电脑与投影仪向全班展示一则有对话的短视频，在播放过程中允许学生做笔记。
>
> **步骤 1：**视频播放结束后，学生在小组内尝试合作复原视频的对话内容。
>
> **步骤 2：**再次播放视频（可以根据学生实际水平与视频难度，适当增加或减少播放次数），供学生在小组内部检查。
>
> **步骤 3：**学生根据复原的视频对话在课堂进行角色扮演。
>
> **【教学反思】**
>
> 1. 如何将写作和口语技能的练习融入这项活动？
>
> 2. 如何提升活动的趣味性和学生参与的积极性？

【推荐阅读】

Mancini, B. M., Hall, R. H., Hall, M. A. & Stewart, B. (1998). The individual in the dyad: A qualitative analysis of scripted cooperative learning. *Journal of Classroom Interaction*, 33(1), 14-22.

5.3.7　合作写作

该活动的设计基于 Graves（1983）对写作过程的研究（活动改编自 Poindexter & Oliver，1998）。每个学生写作的修改过程需要依靠小组搭档的反馈意见，以此增强组员的互相依靠。示例如下：

> **准备：**将学生分为两人一组。指定一个写作话题，每个学生首先在限定时间内完成写作（体裁与字数根据课程大纲要求而定）。
>
> **步骤 1：**学生填写以下表格并根据说明进行小组活动。

My writing job sheet

Name _____

Date _____

1. Read your draft to yourself.

2. Read your draft to your partner.

3. Put on your editing hat. Edit your draft for: *spelling, capital letters, verb consistency, and sentence structure.*

步骤 2：与小组搭档交换写作草稿，并填写以下表格。

Partner's evaluation form

I read _____'s paper.

His/her topic is _____.

This draft has the following elements (give a mark out of 10 for each element):

An interesting, 'catchy' beginning _____/10

Good supporting details _____/10

A logical conclusion _____/10

The best thing about my partner's draft is _____.

If my partner wants to change something, I suggest_____.

步骤 3：将草稿与评价表格交给小组搭档，小组成员根据反馈来修改写作。

步骤 4：修改后，每个学生根据以下清单再次检查自己的写作。

Proofreading checklist

( ) 1. Did I spell all words correctly?

( ) 2. Did I write each sentence as a complete thought?

( ) 3. Did I begin each sentence with a capital letter?

( ) 4. Did I use capital letters correctly in other places?

( ) 5. Did I use verbs consistently with the subject and tense?

( ) 6. Did I use sentence structure correctly?

【扩展练习】

1. 根据特定写作体裁调整以上表格与清单。

2. 鼓励学生在完成小组搭档评价表格后展开讨论。

【教学反思】

1. 自查表中的内容可以如何优化?

2. 活动在进行时遇到了哪些问题? 是否实现了促进小组成员之间互动的目标? 接下来如何加以改进?

【推荐阅读】

Poindexter, C. C. & Oliver, I. R. (1998). Navigating the writing process: Strategies for young children. *The Reading Teacher*, 52(4), 420-423.

5.4 提升学生社交能力的活动

该节包含 7 项课堂活动:(1)结对思维共享(think-pair-share);(2)"雪球"(snowball);(3)圆桌讨论;(4)角落活动(corners);(5)你的想法是什么?(what's your opinion?);(6)快速配对(speed dating);(7)茶话会(tea party)。这些活动都有助于促进学生逐渐接受合作学习的理念,在小组工作中发挥积极作用,帮助解决部分学生习惯于被动学习而不愿参与合作学习的问题。

5.4.1 结对思维共享

这项活动大致分为三个阶段:思考—结对—分享。在"思考"阶段,教师使用开放式问题来激发学生思考;在"结对"阶段,学生可自主选择搭档,共同讨论问题;最后在"分享"阶段,教师邀请结对的学生在课堂分享观点(Wichadee & Orawiwatnakul,2012)。在小组讨论和课堂分享的过程中,学生表达观点和沟通的能力可以得到锻炼。教师的职责是鼓励、督促,并记录学生的回答。示例如下(改编自 Trio et al.,n.d.):

【活动话题】

What pressure are Chinese university students facing?

步骤 1：思考——每位学生单独思考问题，并准备口头或书面回答（如来自学业或同学的压力）。

步骤 2：结对——学生自主结对，并讨论和归纳想法。

步骤 3：分享——邀请学生与全班分享他们的想法。

【扩展练习】

1. 由阅读材料、图片或视频引出要讨论的问题。

2. 对于水平较高的学生，教师可以根据初步讨论引导学生进行深层次思考。例如：讨论问题可以从低阶思维的问题（如"大学生承受着什么样的压力？"）过渡到更高阶的思考问题（如"分析压力的原因并提出策略"）。问题设计可以参考布鲁姆分类法中从低阶到高阶思维的步骤：记忆、理解、应用、分析、评估和创造（Armstrong，2010）。

3. 根据讨论内容，进行后续写作练习。

4. 教师可以要求每个学生寻找一篇主题相近或持相反观点的英语阅读文本。随后进行另一轮思考—结对—分享，重点是分享他们自己选择的阅读。

【教学反思】

1. 如何调整这项活动以更好地匹配学生的语言水平？

2. 如何用奖励机制鼓励每个同学都积极参与这项活动？

【推荐阅读 】

Kagan, S. & Kagan, M. (2009). *Kagan Cooperative Learning* (1st ed.). San Clemente: Kagan Publishing.

5.4.2 "雪球"

"雪球"活动可以视为结对思维共享活动的升级版。在每次结对和小组重组中，学生需要根据不同的对象来沟通和表达他们的观点，这样也会增加彼此交流的机会。示例如下：

【活动话题】

　　Online learning

准备： 教师提出初始问题并提供时间让学生先独立思考，例如 What are some of the benefits of online learning?。

步骤 1： 学生自主结对，分享与总结后，在初始问题的基础上，开始讨论新的问题，例如 What are some of the challenges in online learning?。

步骤 2： 将两组结对的小组结合成新的小组，在小组内分享讨论的内容。接着教师进一步提出另一个问题让小组成员思考并讨论分享，例如 How could we overcome the challenges and promote better learning outcome?。

步骤 3： 教师邀请一些小组与全班分享他们的想法。

　　组织雪球活动的结构如下所示：

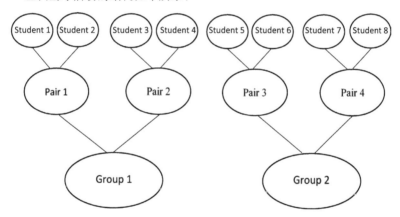

【扩展练习】

教师要求学生为每个步骤保留书面笔记，包括个人笔记与小组共享笔记。课堂讨论结束后，学生根据讨论内容与笔记练习写作。

【教学反思】

与思维共享活动相比，"雪球"活动的优点和缺点分别是什么？它更适合哪一类学生群体或教学环境？

【推荐阅读】

Wichadee, S. & Orawiwatnakul, W. (2012). Cooperative language learning: Increasing opportunities for learning in teams. *Journal of College Teaching & Learning*, 9(2), 93-100.

5.4.3 圆桌讨论

这是 Kagan（1990）提出的一项合作学习活动。在这项活动中，学生基于教师提出的开放式问题进行交流与讨论。此活动可以辅助课前预习，示例如下：

【活动话题】

Personality

准备： 将学生分成 8—10 人一组，围成一圈。

步骤 1： 教师分配活动任务，比如列出与 personality 相关的词汇。

步骤 2： 在每个小组中，从任意位置开始，由一名学生在一张练习纸上写下一个答案（如 intelligent），然后按顺时针或逆时针顺序将纸传递给下一个人进行补充。

步骤 3： 在限定时间结束后，所有小组讨论答案是否可行，然后教师邀请小组与全班分享。

【扩展练习】

1. 将此活动转变成合作写作任务，根据给出的话题或图片，小组成员轮流写一句话对话题或图片进行阐述。

2. 将描述性任务升级为分析性任务来提高学生的高阶思维能力。

【教学反思】

1. 这个活动对学生的合作学习有什么好处？

2. 如何调整这项活动以便更好地匹配学生的语言水平？

【推荐阅读】

Kagan, S. & Kagan, M. (2009). *Kagan Cooperative Learning* (1st ed.). San
　　Clemente: Kagan Publishing.

5.4.4　角落活动

这项活动可以帮助学生从不同的角度来思考和讨论问题。不同的角度会产生不同的观点，在小组讨论和汇总环节，学生彼此沟通并表达各自的立场和观点。示例如下：

【活动话题】

　　The role of university education

准备： 将学生分为 4 组，教师将活动主题细化到 4 个方面，并将每一方面写到一张卡片上，将卡片以及相关阅读材料放置在教室的 4 个角落。例如：

Card 1: The role of university education from the perspective of university students.

Card 2: The role of university education from the perspective of parents.

Card 3: The role of university education from the perspective of university teachers.

Card 4: The role of university education from the perspective of future employers.

步骤 1： 将小组分别分配到 4 个角落，学生根据阅读材料进行讨论，汇总意见。

步骤 2： 讨论结束后，小组分别进行课堂展示。

【扩展练习】

1. 将阅读文本替换为其他多媒体形式的素材如图片、视频等，以增强活动趣味性。

2. 根据小组讨论和展示的内容，进行写作练习。

【教学反思】

1. 教师如何在活动过程中对小组进行指导与帮助？

2. 如何确保每个小组成员都积极参与小组讨论？

【推荐阅读】

Creighton, S. & Szymkowiak, A. (2014). The effects of cooperative and competitive games on classroom interaction frequencies. *Journal of Social and Behavioral Sciences*, 140, 155-163.

5.4.5　你的想法是什么？

　　该活动可以看作角落活动的另一种形式。学生需要学习如何与持不同观点的小组沟通自己的观点。这是一种重要的社交能力。示例如下：

【活动话题】

　　Will AI replace teachers in the future?

准备：设计一个有争议的论题，准备五张意见卡片——非常赞同、赞同、中立、不赞同、非常不赞同，将学生分为 5 组。

步骤 1：教师在教室的 4 个角落与中部各放一张意见卡片。

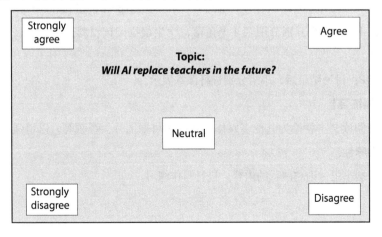

步骤 2：根据对论题的想法，学生聚集到代表他们态度的卡片区，与其他学生讨论持该态度的原因。

步骤 3：邀请每个区域的小组与全班分享他们的想法，进行课堂讨论。

【扩展练习】

根据活动中学生提出的不同论点，布置写作练习，例如写一篇议论文，对比活动中提出的不同观点。

【教学反思】

1. 教师可以在活动前提供什么样的帮助使学生更有效地用英语表达自己的观点？

2. 如何调整这项活动以便更好地匹配学生的语言水平？

【推荐阅读】

Goodwin, M. W. (1999). Cooperative learning and social skills: What skills to teach and how to teach them. *Intervention in School and Clinic*, 35(1), 29-33.

5.4.6 快速配对

快速配对是一项有效的破冰活动。它以合作学习为基础，可以提高学生的口语交际能力。示例如下（改编自 Eslactive，2018）：

准备：将椅子排成偶数排，学生两两面对面坐。

步骤 1：学生用英语互做自我介绍，尽量充分了解彼此。

步骤 2：配对的学生交谈结束后，其中一排的学生向左移动一个位置，然后开始与新搭档交谈。

步骤 3：重复步骤 2，直到学生回到原始分组。

【扩展练习】

1. 教师随机抽取学生，让其介绍自己的某个搭档。

2. 用阅读练习代替自我介绍。例如：每个学生选读一则英文新闻，用三句话总结并分享给配对的同学。

【教学反思】

1. 如何将写作练习融入这项活动?

2. 如何用奖励机制鼓励每个同学都积极地参与口语交流?

【推荐阅读】

Rahayu, A. & Jufri, J. (2013). Teaching speaking to junior high school students through four corners game. *Journal of English Language Teaching*, 1(2), 490-497.

5.4.7 茶话会

与快速配对活动相似,茶话会是另一项增强学生互动与讨论以及课堂趣味性的活动。每次面对不同的交流对象时,学生可以练习使用不同的交流技能。示例如下:

准备: 学生围坐成两圈(Activities by Jill,2018),内圈学生与外圈相对应位置的学生面对面而坐。

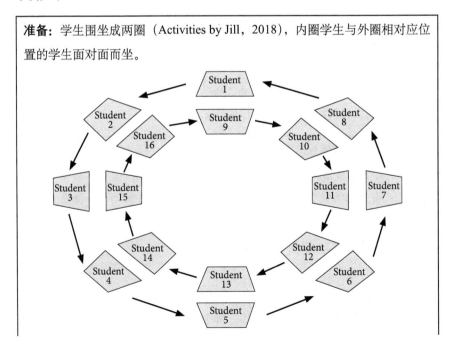

步骤 1：分配给所有学生一个讨论问题，让他们与初始面对面的学生讨论。

步骤 2：讨论结束后，内圈学生顺时针移动到下一个位置，外圈学生逆时针移动到下一个位置，学生与新组合的搭档继续讨论交流。

步骤 3：重复步骤 2，直到学生回归其初始小组，接着根据具体课程需求，分配更多的问题或进行其他活动。

步骤 4：教师随机邀请学生简要报告讨论结果。

【扩展练习】

分配给每一对初始小组不同的短篇阅读材料，学生在新组合的小组中给对方讲述不同的内容。

【教学反思】

1. 如何将写作练习融入这项活动?

2. 如何根据学生语言水平的高低来调整这项活动的设计?

【**推荐阅读**】

Armstrong, P. (2010). Bloom's taxonomy. Vanderbilt University Center for Teaching.

5.5　总结与反思

　　本章主要根据合作学习原则介绍了四大类适用于大学阶段英语课堂教学的合作学习活动。教师需要根据学生对合作学习的了解和接受程度来选择合适的活动。如果学生以往参与合作学习的经验不多，建议从设计较为简单但比较有趣的活动开始。如果学生需要加强某方面的合作技能，比如需要提高小组成员之间的互动和交流，可以选择第三类、第四类的活动。本章为每个活动设计的扩展练习和教学反思旨在帮助教师举一反三，进一步设计具有个性化和指导意义的活动。除了丰富的课堂活动，合作学习的成功也离不开有效且多样的测评机制。我们将在第六章介绍一系列支持合作学习的测评策略和设计。

反思问题

1. 请您将自己教学中使用的合作学习活动分享给其他教师。

2. 您是如何利用它们来支持合作学习的?

3. 请您和同事分组合作,基于本章已有的活动,添加其他可以增强学生合作学习能力的活动。

第六章　合作学习测评示例

本章首先讨论合作学习测评的重要性及相关挑战。针对这些挑战，我们介绍了支持合作学习的多种测评策略与活动，举例说明测评任务的设计与标准。这些设计将有助于教师根据学生和教学环境的具体需求实施教学测评与扩展活动。

6.1　合作学习测评的重要性

测评的方式或内容在很大程度上决定了学生的学习方式或内容（Biggs，1999；Boud & Falchikov，2007）。例如，如果测评的重点是学生的个人表现与知识记忆能力，那么在课堂中，学生可能不愿意在合作学习上花太多时间。很多教学改革和研究虽然强调合作学习的重要性，然而在教学实践中，教师对合作学习测评的重视程度相对较低，同时也容易忽视测评对教学实践的反向影响（Chen & Liu，2017；Thanh，2014）。因此，我们建议，对合作学习的测评应该有较为一致的标准，并与课堂教学内容和方法相匹配，这也是合作学习能否成功的重要因素（Gillies & Boyle，2010）。

6.2　合作学习测评的挑战

合作学习测评存在三个主要挑战，包括测评类型与合作学习设计之间可能出现的不匹配、合作学习结构的不平衡以及实施差异化测评的困难。

关于第一个挑战，研究表明，一些测评设计与课堂活动并不支持合作学习（Thanh，2014）。例如，测评中普遍使用选择题，但这并不能激发学习者参与合作学习；相比之下，针对学生复杂知识和高级思维能力（如分析、比较和论证）的测评能更有效地促进合作学习。另外，在合作学习中平衡小组和个人工作的评估是很重要的（Jolliffe，2007）。本章 6.3.1 节将具体介绍同时考虑个人表现和团体表现的终结性测评设计和评分方法。

合作学习结构的不平衡可能导致学生在合作学习和测评中的问题行为(Koh et al.，2018)。研究指出，学生不想参与合作学习的一个原因是他们担心小组测评并不能反映个人的表现，个人能力突出的学生尤其有此担心（Jolliffe，2007；Wichadee & Orawiwatnakul，2012)。研究人员列出了合作学习中三种常见的问题行为（Davies，2009；Jacobs & Renandya，2019)。第一是社交懈怠（social loafing)，这类学生一般在小组任务中投入精力相对较少，这也容易导致第二种行为的出现——"搭便车"（free-riding)。他们喜欢不劳而获，在减少必要努力的情况下获得奖励（Davies，2009)。第三种行为称为"冤大头"效应（sucker effect)，这类学生认为自己可能被其他小组成员"搭便车"，因此决定减少在小组工作中的努力（Davies，2009；Watkins，2004)。本章6.3.1节将介绍终结性测评设计和一系列评分标准来应对这些问题行为；6.3.2节将介绍形成性测评设计与示例，旨在培养学生的合作学习技能。

最后，因为学生的学习经历与背景、语言水平和需求是不同的，所以教师需要对学生合作学习技能学习的过程和成果进行区分和差异化测评（Jolliffe，2007)，但也因需求的复杂性，实施起来并不容易。本章6.3.3节将详细介绍差异化测评的原则和类型。

6.3　合作学习的不同测评方法

研究人员建议教师结合不同测评类型来评价合作学习成果，例如形成性测评和终结性测评，二者囊括了真实测评、同伴和自我测评、基于课程的测评（curriculum-based assessment）等方法（Gillies，2007；Gillies & Boyle，2010)（见表6.1)。这些方法通过评价个人对小组活动的贡献、小组成员之间的合作、小组活动中个体学生的进步，解决了部分学生担忧个人表现不会被计入小组测评的问题。终结性测评可以加上形成性测评的元素，比如提供对学生学习过程的反馈，产生形成性测评的导向。

表 6.1　合作学习测评方法

测评类型	测评策略
终结性测评	认可个人进步的测评
	个人与团体分数组合
	合作测验
	真实测评
形成性测评	同伴互评
	自我测评
	动态测评
	基于课程的测评
差异化测评	1. 以学习目标为导向 2. 根据学生兴趣、学习方式以及能力水平提供不同的测评选择 3. 多种测评类型，统一评分标准

6.3.1　终结性测评

终结性测评被定义为"旨在衡量学生在教学结束时所学或完成内容"的测评类型（Gillies，2007：160）。在合作学习中，如表 6.1 所示，有多种策略可用于评估学生在合作学习中的表现。

6.3.1.1　认可个人进步的测评

这种测评方法是在小组活动之前和之后，为每个学生单独布置测验，旨在观察合作学习前后学生的测验成绩是否有所提高（Oxford，1997；Slavin，1995）。该方法认可每个学生的个人进步，学生可以根据他们的进步获得相应的奖励。

6.3.1.2 个人与团队分数组合

这种评分系统可以分为两类。第一类强调对个人贡献的奖励。根据每个学生对小组活动的贡献，加上整个小组的最终成绩，给他们一个单独的成绩(Jolliffe，2007；Slavin，1995)。示例如下：

1. 将班级分成 4—5 人一组。

2. 给每组分配一个学习任务，如"拼图阅读活动"。

3. 根据与合作学习技能相关的标准设置一个奖励积分的评分项，如"帮助和鼓励其他小组成员"。

4. 每个学生根据拼图阅读活动的内容进行单独测试。

5. 学生最终成绩为单独测评分数与团队分数之和。

第二类仍将个人和团队分数组合，但并未强调个人贡献的奖励，测评方法示例如下(Jolliffe，2007)：

1. 将班级分成 4 人一组。

2. 每个小组成员根据他们所学的内容进行单独测试（如拼写或语法）。

3. 将单人测试分数相加作为小组分数。

4. 学生互助改正错误，并与小组成员分享他们的学习技巧或策略。

5. 每个小组成员重复测试。

6. 比较两次测试小组分数是否有所提高。

此类评分系统的另一个示例如下（参考 Pratten et al.，2014）：

1. 将学生分成 4 人一组，每组分配同一篇英语课文和阅读理解题，小组在 20 分钟内进行阅读、讨论并回答问题。

2. 教师向全班讲解阅读材料并展示答案；记录小组分数。

3. 之后对每个小组成员分别进行单独测试（关于阅读文本的内容、语法和词汇）。

4. 学生最终成绩是小组成绩加上他们个人测试成绩的总和。

6.3.1.3　合作测验

研究表明，在测评中，学生通过与同伴合作讨论学习内容比自己单独学习效果更好（B. Bennett，2016；Gilles，2016；Klecker，2002），示例如下：

> 1. 将学生分成 4—5 人一组。
> 2. 每个小组从某一个成员开始，阅读第一个问题并分享他/她认为合适的回答；每个小组成员分享他们的想法；第一个学生总结小组的回答并写下小组的答案。
> 3. 第二个学生对第二个问题遵循相同的程序；该过程一直持续到回答完所有问题。
> 4. 教师给小组测验打分。任何得分超过 80 分的小组都会获得奖励。
>
> 另一种方案：
>
> 在第 4 步中，教师评分可以由同伴评分或自我评分代替。例如，小组可以根据教师提供的示例答案标记交换过来的另一组的测验答案，或者标记自己的答案。

在英语课堂中，小组测验的内容可以是阅读或听力理解问题，也可以是着重考查词汇或语法知识的试题。研究人员发现，多项选择题的测试只关注正确答案的选择并将其作为成绩参考，并不能激发学生强烈合作的意愿（Thanh，2014）。相比之下，如果一个小组活动需要每个成员解决问题或在彼此的帮助下完成任务，如交换信息或共同努力解决问题，则能提升学生的合作意识（Cohen et al.，2004）。

6.3.1.4　真实测评

真实测评旨在"根据特定的表现来衡量学生在现实生活中的学习情况"（Gillies，2007：61）。真实测评属于标准参考测评方法。在标准参考测评中，既定的标准会作为参照，学生的成绩将与之比较以判定其是否达标。这些标准通常基于教学大纲的目标设定，包括每个学习领域所需的知识、技能、过程和态度等（Gillies，2007；Jolliffe，2007）。通常在任务开始之前，学生会被告知这些标准，以便了解如何表现才能达到标准期望（Gillies，2007）。尽管一些研究人员将真实测评归类为终结性测评，但如果真实测评的设计侧重加强学习过程而不仅仅是考查学生的最终成绩，那么也可被视为形成性测评。

Darling-Hammond & Snyder（2000）定义了真实测评的一些关键特征，包括：（1）有助于整合实践中使用的多种知识和技能；（2）可以收集学生学习过程中的各种证据；（3）有助于学生在标准化考试中取得好成绩（Engel et al.，2003）。真实测评的类型包括案例分析、成果展示、档案、基于问题的调查活动等（Gillies，2007）。本章将提供前三类的示例及相应的测评标准。

1）案例分析

案例分析要求学生参与对现实生活问题或者案例的调查；通过收集信息、研究理论、原则和实践来探讨某个问题。例如，在英语教学中，教师可以让学生从英语资源中搜索并总结某个领域有突出贡献的名人的信息，并对其作探讨研究。案例分析的结构可以遵循第五章介绍的小组调查活动的形式，示例如下：

任务： 小组案例研究

任务说明：

1. 学生以 4—5 人为一组，从过去两届奥运会中选出一名奥运冠军作为研究对象。学生可以在与小组成员讨论后选择出大家最喜欢的选手。

2. 搜索所选奥运选手的文化背景、重要经验、成就、对该运动的主要贡献或其他信息，说明小组选择该选手的原因，并分析各自从该案例研究中学到的东西。

3. 每个小组需要针对选择的案例准备一份小组报告。小组可以使用幻灯片来协助演示。展示后，每组提交一份关于该案例研究的书面报告（500—600 词）。

书面报告的建议结构如下：

- Title
- Table of contents

- Executive summary (around 100 words)
- Introduction (introduces the topic and its background and significance of your investigation) (around 50-100 words)
- Body (divides the body into several sections: the biography of the player, life and education experiences, key achievements, and his/her influence) (around 200-250 words)
- Conclusion (summarizes the report's main points and the key things you have learned from this case study) (around 50-100 words)
- References
- Appendices (Each group must include a table illustrating each member's contribution. You could also include any figure, table or backup information related to the content. You should number the appendices.)

4. 在各个小组中，每个成员都应当负责指定任务，参与分工合作，例如协调小组讨论和决策、搜索信息、分析数据、起草和设计演示文稿、编辑或演示等。

测评标准：

小组的演示文稿和最终报告将根据以下标准进行评估：

1. 单个小组成员对小组工作的贡献（可参考下表）

Group member	Sub-task	Evaluation (effort, cooperation, task completion rate, supportive or not)

2. 案例研究知识和理解的广度和深度

3. 书面报告的结构和顺序的适当性

4. 书面报告中使用的词汇和语法的准确性

5. 口语表达的流利度，以及发音、语调和重音的准确性

2）成果展示

作为真实测评的一种形式，成果展示让学生有机会通过小组活动、视频演示或表演等方式展示他们的能力。例如，戏剧表演的形式可以展示与小组研究主题相关的内容和知识（Gillies，2007）。成果展示的其他形式可以是取材于电影、小说、舞台剧或与学科内容相关的英语场景角色扮演（如法庭辩论、商务谈判）。小组的每个成员分配一个特定角色进行小组活动，示例如下：

主题： 亲子关系

任务： 剧本编写和角色扮演

学生观看短片《包宝宝》(*Bao*)，教师将班级分成 4—5 人一组，并向各组讲解他们需要合作完成的书面与表演任务。学生有四个星期的时间来准备和完成任务。

测评比重： 总评分比重 40%（书面任务 20%，演出任务 15%，团队合作和贡献 5%）

书面任务：

根据电影内容，为该电影创建一份英语台词脚本，鼓励学生发挥自己的创造力。

演出任务：

每个小组根据英语文本为其成员分配一个角色，安排一个场景（大约 5 分钟），鼓励成员使用舞台道具来协助表演。小组排练后，将小组表演录制为视频。

提交：

1. 尽量于前两周将书面剧本提交给老师从而得到一些反馈；书写任务结束后，两周之内对文本进行修改，以便在第 4 周提交最终确定的剧本。

2. 在第 4 周的演出日播放录制好的小组表演视频，或是在全班同学面前现场表演。

3. 提交表明每个小组成员任务分工的表格。

测评标准：

剧本测评标准

1. 对主题的理解和认识的深度

2. 剧本中语言表达的恰当性和清晰性

3. 剧本中使用词汇和语法的准确性

表演测评标准

1. 对角色感受和相关主题的传达情况

2. 口语表达的流利度，发音、语调、重音的准确性

3. 整体表演的逻辑性、清晰度

4. 使用非语言提示（手势、眼神交流、道具、服装等）的情况

团体合作标准

1. 单个小组成员对小组工作的贡献的证据

2. 小组成员之间的合作情况（努力、配合、支持等）

3）档案

档案是学生学习、实践证据的集合（Gillies，2007），使用档案的目的是收集丰富多样的文件和样本作为学习过程的证据。证据的类型可以包括书面作品、学习记录、任何培训或正式学习的证书。档案评估旨在促使学生对他们的学习经历进行反思，例如总结他们在参与的学习实践中学到了什么，思考未来的实践中可否采用更加有效的学习方法和策略，以及有哪些需要改进的地方。示例如下：

任务： 小组作品集

任务说明：

将学生分成 4—5 人一组。每个小组将制作一个包含三个部分的作品集（证据集合），以展示本学期成员学习和小组工作的三个方面。

第 1 部分： 讨论确定在英语学习和小组工作中的主要挑战。内容可以综合各个小组成员遇到的挑战，还可以包括小组分工合作中的挑战。

第 2 部分：主要展现完成英语课程小组任务过程中小组练习的证据。该部分可以包括小组讨论笔记、会议纪要、图片或写作样本、每个小组成员对小组任务的贡献的证据、小组任务的最终成果，以及小组如何克服或应对第 1 部分提到的挑战的证据。学生需要提供 4—5 条证据，每条证据都须带有注释来解释一些基本情况，例如：

1. 小组是如何完成该任务的？

2. 多长时间开展一次小组活动？小组活动通常在什么地点进行？

3. 小组活动参与的成员有哪些？

4. 使用了什么资源？

第 3 部分：对所学内容和方式进行反思，这些反思将被用于未来的学习和小组工作。以下问题可以帮助学生撰写反思：

1. 第 1 部分中阐述的挑战是否得以完全解决或部分解决？

2. 在整个学习过程中，小组取得了哪些主要成就？

3. 在个人学习或小组合作中分别学到了什么？

4. 未来可以继续学习哪些技能？

5. 哪些方面可以改进？

测评标准：

1. 收集的材料和证据的充足程度和有效性

2. 反思的认真程度和深刻性

3. 书面文字中语言表达的恰当性和清晰性

4. 书面文字中使用词汇和语法的准确性

5. 小组工作中是否表现出公平的分工合作

6. 小组成员之间的合作情况（努力、配合、支持等）

在学期结束时，老师可以组织一次"画廊漫步"活动，例如在课堂上展示所有小组的成果与作品。在"画廊漫步"展览之后，邀请学生投票选出"最具创意的作品集""最具视觉吸引力的作品集"或"最佳合作团队作品集"，并给相关团队颁发奖项。成果展览可以邀请学生父母和其他教师参观，以表彰鼓励学生的合作学习及其付出的努力（Gillies，2007）。

6.3.2　形成性测评

形成性测评旨在"为教学和学习过程提供信息，并确定是否应采用其他方法或是改变对任务的期望，以此确保教学的有效性"（Gillies，2007：49）。研究人员认为，教学要结合终结性测评和形成性测评，前者侧重成果，后者侧重学习过程（Jacobs & Renandya，2019）。此外，研究表明，应用形成性测评模式同样有助于提高学生标准化考试的成绩（Stockdale & Williams，2004）。

对于合作学习，形成性测评的优势有以下几点：（1）在教师需要测评学生作品或个人教学时提供有关学生学习需求和认知过程的信息；（2）允许学生通过同伴互评的方式来加深对学科内容的理解；（3）创造更积极的学习环境；（4）提供丰富多样的评价策略（Stockdale & Williams，2004）。合作学习的有效测评可以在不同阶段进行，并结合多种测评策略。例如，每个小组成员对自己的合作技能进行自我测评；学生对其他小组成员的课堂参与和表现进行同伴互评；教师通过观察小组表现进行整体测评，并对未来改进方向提供信息和反馈（Jacobs & Renandya，2019）。在本节中，我们将提供同伴互评、自我测评、动态测评和基于课程的测评等形成性测评的解释和示例。形成性测评实践的一个重要原则是提前与学生沟通评分标准，以便他们在同伴互评和自我测评时清楚地了解具体的期望与要求（Gillies，2007）。

6.3.2.1　同伴互评

有研究者建议，在这些多样化的测评策略中，应结合同伴互评和自我测评来对合作学习进行评估（Jolliffe，2007）。尽管一些研究表明，学生对同伴互评表示不认同（Hattie & Gan，2011；Nuthall，2007），但这种测评策略依然对合作学习很适用。关键是要训练和强化学生的同伴互评技能以及提供信息丰富的同伴反馈（Liu & Li，2014），同时需要仔细计划和实施结构化的同伴互评。我们认为，虽然建立同伴互评和同伴支持的文化需要一些时间，但它对学生合作学习的开展是必要且有意义的。

学生接受过反馈提供方面的培训后，便可以为彼此提供比分数更有效、丰富而详细的定性反馈（Gillies，2007）。同伴互评的有效性和可靠性与教师测评在很大程度上是一致的（Topping et al.，2000）。学生们反映，虽然他们在同伴互评时遇到了一些挑战，比如耗时、个别同伴要求过高，但经过同伴互评后，他们的写作质量都得到了提高，一些技能甚至迁移到了未来的学习任务中（Topping et al.，2000）。以下是同伴互评的一些好处：（1）学生可以通过同伴互评更好地了解评价标准，这有助于他们进行自我测评。（2）学生可以互相学习，高质量的同伴互评可以使他们更好地反思自己的学习（Ahangari et al.，2013；Saito，2008；Shams & Tavakoli，2014）。（3）给予和接受同伴反馈增强了学生之间积极的相互依靠，因为他们在相互提供信息反馈的过程中扮演着相互支持的角色。这也是合作学习的一个关键原则（Johnson & Johnson，2013）。（4）同伴互评可以提高学习动力，因为在合作学习的过程中，他们的自身利益是与团队的协助和学习紧密相关的（Gillies，2007）。（5）同伴反馈可能比教师反馈更频繁、更及时，因为后者往往需要由一名教师提供给全班同学（Gillies，2007）。（6）学生在接受和提供同伴反馈时学会保持冷静客观的态度，这是当今社会需要的合作社交技能的一部分（Tan et al.，2017）。

在英语教学中进行同伴互评也存在一些挑战。首先，由于英语并非学生的母语，因此他们在评价同伴的成果时，语言方面可能会有额外的挑战（Jung，2016；Saito，2008；Zhao，2014）。其次，学生的人际因素可能会削弱同伴互评的可靠性（Azarnoosh，2013）。再次，在许多教学环境中，教师通常被视为权威知识来源，因此相比同伴反馈，许多学生更相信教师的权威和反馈（Nelson & Carson，2006；Zhao，2014）。

针对这些挑战，教师可以为学生提供相关培训和支持。相关实证研究的结果也表明，一些固有的观点和看法并非完全准确。在语言学习方面，许多研究一致认为，学生的同伴互评提高了他们的英语技能和成绩，例如在使用写作技巧（Alshammari，2016；Shams & Tavakoli，2014；Zhao，2014）、明确写作中的受众意识、探索多元视角（Paulus，1999）、实现有意义的口头互动（Azarnoosh，2013）等方面。另外，研究表明培训可以提高学生同伴互评的能力，尤其是在同伴反馈方面（Saito，2008）。

最后值得一提的是，教师在同伴互评中仍然发挥着重要作用。教师可以对同伴反馈的适当性进行评论，以增强其准确性和有效性（Zhao，2014），毕竟他们可以提供超出学生技能范围的更广泛、深入的反馈（Jacobs & Renandya，2019）。教师需要让学生参与定义和解释测评标准以培训学生同伴互评的能力。此外，教师需要培训学生如何在同伴互评中应用这些标准并提供建设性的反馈（Jolliffe，2007）。在 Zhao（2014）的研究中，教师演示了训练学生进行同伴互评的三方面内容：

（1）提供纠正性反馈。教师以一个写作样本为例，明确示范每个步骤，例如一起通读样本，在错误的地方停下来，并针对每个问题提供明确的反馈。同时，教师可以对照评分与评价标准，让学生更好地理解这些标准。

（2）提供不同类型的反馈。比如教师可以对比不提供修改建议的间接同伴反馈与提供修改建议的直接同伴反馈，以此来提高同伴反馈的质量。

（3）基于写作体裁进行反馈。例如：对于议论文写作，反馈评价要侧重语言的形式和写作目的；对于诗歌，通过大声朗读，将反馈重点放在节奏上；对于小说或其他叙事文体的写作，反馈侧重情节的发展。同时，教师还可以指导学生对写作的思维逻辑和结构进行反馈。Zhao（2014）推荐的预测活动可以有效练习对写作逻辑和结构的测评，即学生阅读写作样本中每个段落的第一句，预测段落的内容，然后评价写作的逻辑发展和连贯性。

以下是同伴互评的一些示例和材料：

1. 将学生分成两人一组。		
2. 组内学生花 15 分钟阅读对方的文章，并按照同伴反馈清单和评价标准给出书面反馈。下面是一个同伴反馈清单示例。		

内容	是	否
1. 在开头引言中明确说明中心思想		
2. 用几个论点进一步阐述中心思想		
3. 每个论点都有具体的例子支持		

组织结构		
1. 论文包括引言、论点和结论		
2. 每个论点都包含一个段落		
3. 段落组织有序，符合逻辑		
语言		
1. 词汇和语法使用准确		
2. 语言表达恰当清晰		

3. 每个小组有 25 分钟的时间讨论他们的书面反馈。

4. 课程结束时，教师收集批改学生的写作草稿，并提供反馈。教师反馈可以采取两种形式：与学生进行面对面的口头反馈或书面反馈。

5. 学生根据同学和教师的反馈修改他们的文章，并提交修改后的稿件供教师进行最终评分。

该示例参考了 Zhao（2014）和 Plymouth Community School 的同伴反馈清单。

6.3.2.2　自我测评

自我测评正成为高水平语言学习者普遍应用的评估类型。研究表明，通过自我测评，学生的自信心和输出性语言技能得到了提升，在此期间他们可以确定自己的优势和劣势（Goto Butler & Lee，2010；Mazloomi & Khabiri，2018；Moqbel，2018；Nawas，2020）。此外，当学生在学习过程中联系并比较他们之前完成的任务、分析他们的错误并评价自己目前的学习进程时，他们的语言技能和自我效能感都会得到提高（Baleghizadeh & Masoun，2014；Birjandi & Tamjid，2012；Nawas，2020）。另一项研究指出，学生在任务过程中的自我测评比任务结束后的自我测评更准确（Goto Butler & Lee，2010；Jung，2016）。学生的自我测评有助于监控他们的学习过程。

自我测评的一个有效方法是撰写学习日志（learning log），它可以帮助学生在学习过程中进行反思。学习日志的引导问题包括"我做了什么""我做得怎么样""我需要改进什么"等，以及学生学习的情况说明，如在线学习记录、写作或阅读笔记的截图等（Jolliffe，2007）。学习日志也被视为记录学生学习历程的"旅行日记"。教师还可以鼓励学生将他们学习经历中的感受、想法纳入其中。老师可以定期检查和点评学生的学习日志，但无须评分（Jolliffe，2007）。

学习日志任务示例如下：

任务说明：

　　每篇学习日志的长度至少半页，学生须在页面顶部标记好姓名和日期。撰写时，学生需要：

1. 检查拼写、标点和句子语法的准确性。

2. 记录并反思正在研究的主题 / 项目及使用的各种信息技能和流程。

3. 对照教师提供的学习日志示例以对个人日志作出优化。

学习日志评价标准：

1. 是否深入思考，反思了学习过程，包括成就和不足

2. 语法、词汇和拼写使用的恰当性

3. 结构和思路的清晰度

在合作学习中，一个小组也可以对小组合作进行自我评价和反思。例如，在小组活动结束时，可以要求整个小组评价他们的合作和每个成员的贡献（示例如下）。

　　以小组为单位，反思你们小组如何处理合作和学习的过程，并完成下表（参考 Jolliffe，2007）。

总任务	分任务	每个组员的贡献	时间	任务完成评估	
				完成	未完成

6.3.2.3　动态测评

动态测评旨在通过师生之间的沟通，将测评与教学有机结合起来（Poehner，2007）。这种评价方法主要基于 Vygotsky（1978）的社会文化理论，即通过提供适当的支持／支架（scaffold）使学生的表现超过他们独立表现时的水平，从而引导他们进一步发展（Vygotsky，1986）。与他人的互动沟通以及小组合作是学习过程中一种重要的支持／支架。因此，动态测评看重学习过程中与他人之间的合作（Sternberg & Grigorenko，2002）。

在实践中，动态测评的一个关键原则是通过教师的适当调解和介入将测评和教学联系起来。这里的介入包括一系列从模糊到明显的提示或支持，例如帮助学生获得相关概念的解释或问题的解决方案。当学生在学习任务中遇到问题时，教师首先给他们一个模糊的提示。如果学生还不能解决问题，教师将提供下一个比较明显的提示，以便学习者继续学习（Poehner，2007）。动态测评的结构各不相同，其中一种常见的结构为"干预主义三明治格式"，涉及以下三个关键组成部分：（1）前测，例如学生参加学术阅读理解测试，教师分析成功完成此测试所需的信息和策略；（2）介入／指导：根据测试结果分析设计详细的指导方案，对前测中涵盖的每个问题给予提示；（3）后测：学生参加另一项测试，其中包括与前测匹配的题目，目的是根据学生在两项测试中的表现判断他们进步与否（Daneshfar & Moharami，2018；Poehner，2007）。介入／指导阶段可能会采用两种类型的提示：一种是标准化的，所有学习者都会收到类似的帮助提示；另一种是非标准化的，主要根据学习者的需求确定提示内容（Daneshfar & Moharami，2018；Lantolf & Poehner，2004）。介入／指导阶段通常是一对一的，但也可以采用一对多的小组学习模式（Daneshfar & Moharami，2018；Sternberg & Grigorenko，2002）。

Poehner（2009）探讨了在二语课堂中使用动态测评的效果。在小组测评中，教师根据小组的反馈提供提示，同时关注个人在小组中的表现，为个人提供必要帮助并跟踪反馈（Jung，2016；Poehner，2009）。Poehner（2009）提供了两种群体动态测评方法。第一种是并发小组动态测评，这意味着教师与整个小组进行对话互动，这可能看起来像是教师对小组整体的指导。第二种方法是继发小组动态测评，小组中的每个学生轮流与教师进行一对一的互动。继发的特点在于每次提示—反馈的交流都建立在整个小组之前的交流基础上，通过与学生一对一互动，促使整个小组进入其最近发展区。

基于一组小学生在西班牙语课堂上与教师的交流，Poehner（2009：481-485）给出了小组动态测评活动的示例和指导提示列表。这里我们节选一段教师和一个小学生之间的对话作为指导提示的参考。原文的西班牙语对话已翻译为英语。因为本书的读者为英语学习者，我们将原文西班牙语中的形容词作为修饰语的复数变格改编为英语中的名词复数变格，因为名词复数变格是中国学生学英语时容易出错的地方。

单元主题： 秘鲁的本土文化

语法重点： 名词复数变格

活动： 骰子游戏

　　骰子的每一面都带有不同本土动物的图片。学生摇动骰子后，运用他们学到的词汇来描述骰子呈现的动物。若学生遇到困难或出错时，教师会适当给予提示和帮助。

　　教师可参考使用的提示语包括：

1. 暂停。

2. 用疑问句重复整个短语。

3. 只重复句子中有错误的部分。

4. 教师问："这句话有什么问题？"

---

5. 教师指出不正确的单词。

6. 教师提出 either/or 的选择疑问句。

7. 学生回答后，教师指出正确答案。

8. 解释原因。

在节选对话中，这个学生想要描述猫头鹰的外貌，如 An owl has two ears，但是出现错误。

1. 学生：It has ear.

2. 教师：How many ears?

3. 学生：It has two ear.

4. 教师：Two ear?

5. 学生：Yes, two ear.

6. 教师：There is a problem (pause) with the word 'ear'.

7. 学生：（看其他同学）

8. 教师：Is it ear or ears?

9. 学生：Ears.

10. 教师：Yes, very good! It has two ears. Very good! Excellent!

在节选对话中，教师发现学生的名词复数变格错误后，以升调重复他的话语（第 4 句）的方式强调具体的问题，希望以此让学习者认识并改正错误。但是学生没有意识到错误并坚持原话。在第 6 句中，教师通过明确指出问题让他认识到错误，但是未能产生反应。于是教师在第 8 句中为他提供了一个选择。当学生作出正确选择时，教师重复正确答案并予以赞扬（第 10 句）。

根据 Poehner（2009）的小组动态测评活动示例，我们设计了适用于"桌垫"填充活动的英语动态小组测评活动（示例如下）。上课前，教师需要确定学生可能感到困难的关键语法结构。例如，对于英语学习者来说，现在完成时通常是一个不好理解的概念。

单元题目：Good learning habits

语法重点：现在完成时

活动："桌垫"填充

材料："桌垫"填充工作纸

步骤 1：学生们先完成一个关于现在完成时的语法测试。教师记录每个学生的成绩。

步骤 2：将学生分成 4 人一组，为每组学生分发"桌垫"填充工作纸。

步骤 3：每个小组成员分享一两个良好的学习习惯，或是上大学以来帮助他们形成良好习惯的小窍门。学生需要在"桌垫"填充工作纸相应空白处写下完整的句子来描述他们总结的学习习惯或窍门。句子需要运用现在完成时这一语法结构。

步骤 4：小组综合每个成员的答案进行总结，并将总结后的答案写在"桌垫"填充纸中相应空白处。

步骤 5：每组分别向全班汇报成果。在每组学生汇报时，教师根据学生的回答进行辅导提示。

　　教师可参考使用的提示语包括：

1. 暂停。

2. 用疑问句重复整个短语。

3. 只重复句子中有错误的部分，可邀请同组组员回答。

4. 教师问："这句话有什么问题？"可邀请同组组员回答。

5. 教师指出不正确的单词。

6. 教师提出 either/or 的选择疑问句（如 did or have done）。

7. 学生回答后，教师指出正确答案。

8. 解释原因。

　　比如，一个学生说，We found daily and weekly planner were good methods for time management. Dawei used this method for two years.

1. 教师：Oh, he used this method for two years?

2. 学生：Yes.

3. 教师：Used this method for two years?（看一下其他组员）

4. 学生：（迟疑）

5. 教师：Can anyone see the problem of this sentence?

6. 学生：（如果没有回答）

7. 教师：He 'used' or 'has used' this method for two years?

8. 学生：has used.

9. 教师：Right. He has used this method for two years. Excellent. 进一步解释原因或者邀请学生解释原因。

步骤 6：汇报结束后，每个学生再完成一个与步骤 1 中一致的有关现在完成时的语法测试。教师记录并比较学生测试成绩是否有提高。

如示例所示，当教师发现学生的时态错误后，可以重复他的话语（第 1 句）以强调具体的问题。如果学生没有意识到错误，教师可重复具体错误并邀请其他组员发表意见（第 3 句）。如果学生还没有及时发现问题，教师需要明确指出问题（第 5 句）并再次邀请组员发表意见，或是提供一个选择（第 7 句）。当学生作出正确选择时，教师重复正确答案并予以赞扬（第 10 句）。教师之后的解释会加强学生对这一语法的认识，也可以邀请其他学生给出解释。如果发现学生的解释有不准确的地方，教师可以重复辅导提示的过程。同时前测和后测的成绩可以判断学生是否更好地掌握了这一语法知识。除了测试成绩，这一对话过程可以为教师提供形成性测评的数据，即学生理解和学习一个知识点或概念的过程，或者说他们从误解或片面的理解到掌握知识的认知过程。在这一过程中，教师的干预提问和师生间的对话是学习的关键。

6.3.2.4　基于课程的测评

作为形成性评估的一种，在基于课程的测评中，教师通常以一系列探索性问题来评估学生对课程内容的掌握情况（Gillies，2007；Graves et al.，2005）。Gillies（2007）提出了基于课程的测评的一些关键原则：（1）形式是参与小组合作和 / 或基于项目的学习；（2）布置包含真实情境的问题 / 任务，以提升学生解决问题的技能；（3）设计问题，要求学生回答并解释答案；（4）提供学生反思学习的机会。

研究人员认为，基于课程的测评方法鼓励教师在设计评估时发挥积极作用，通过收集和分析学生在课程学习中的成果，以及学生的学习进度等多种资料综合评估教学计划（Poehner，2007；Stecker et al.，2005）。研究人员发现，基于课程的测评与语言写作测评的标准化考试成绩之间存在正相关关系（Weissenburger & Espin，2005）。如果测评是基于课程的，并且与以学生为中心、合作和探究式学习的教学实践相一致，那么学生在标准化考试中的表现会比接受传统教学的同龄人的表现更好（McGaffrey et al.，2001）。

6.3.3　差异化测评

在同一个教室里，一群基本同龄的学生在语言水平、能力、兴趣、学习偏好、经历和生活环境方面可能有很大的差异（Tomlinson，2000）。这些差异会影响学生对教学的反应以及他们的表现。因此，我们的教学需要通过差异化的测评来应对这些差异，而不是把既定的统一衡量标准强加给每个学生。差异化不仅是一套策略，而且是"一种认识到每个学习者都是独一无二的的教学理念"（Theisen，2002：2）。差异化测评与教和学密切相关，涉及使用公平灵活的教学、学习和评估策略，提供适当的挑战水平，并以有意义的方式让学生参与学习，认识到教学、学习和测评之间的相互关系，为未来的教学提供启示。此外，差异化测评并不是要替代任何现有的教学和学习实践方法，而是为了最大限度地促进每个学生的进步（Tomlinson，2000）。在本节中，我们将介绍一些差异化测评的原则和适用于英语课堂的示例。

差异化测评是成功实施教学计划的保障，因为它促使教师了解学生学习需求，进而对教学计划作合理调整。同时，该测评也反映出收集、综合和解释学生学习信息的过程。根据这些测评信息，教师可以发现学生学习中的问题，组织学生进行小组合作，调整教学计划和管理学习活动（Tomlinson & Moon，2013）。因此，差异化测评体现了形成性测评的特点，即在学习过程中收集有关学生学习的证据，并分析证据以改进教学计划。不过，差异化测评也可以用作终结性评估，具体方法将在下文中介绍。

6.3.3.1 差异化测评原则

Tomlinson & Moon（2013）阐述了差异化测评的三个关键原则，这些原则也是教师在将差异化测评用作终结性测评时必须考虑的。

原则 1：差异化测评应将重点放在帮助学生实现相同的学习目标上。

差异化意味着为学生提供不同的选择或方式来实现相同的学习目标。正如谚语所说"条条大路通罗马"，学习目标就像集合的目的地，但差异化让学生有机会选择不同的模式或使用不同的材料来实现学习目标（Tomlinson & Moon，2013）。例如，如果学习目标是学生能够用英语写一篇议论文，那么教师可以提供几个不同的主题供学生选择。学生可以从中选择最符合自己兴趣的主题，或是选择自己了解更多的主题。我们将在下一节中提供此类差异化的示例。同样，差异化测评也要为学生提供不同的选择或方式来展示他们的学习成果。

原则 2：测评的方式应该让学生有机会充分展示对所学知识的理解和对技能的掌握。

差异化测评应考虑以下三个方面：学生兴趣、学习方式、学习准备情况或能力水平（Tomlinson & Moon，2013）。例如，如果学习目的是使用隐喻，教师可以提供几个不同的文本（故事、诗歌或歌词）供学生选择。学生可以从这些文本中选出给他们留下深刻印象的隐喻语言。之后，学生可以分组讨论他们的选择，并通过分析隐喻的使用来解释选择的原因。另一个具体的例子是，当讨论到代沟这一话题时，教师可以让学生选择自己喜欢的与该主题相关的一部电影。学生可以描述该电影是如何刻画代沟的，分析代沟产生的原因并讨论解决代沟问题的方法。该活动可以结合小组调查和演示任务。

对于有特殊学习需求的学生，测评时应考虑作一些相应的调整。例如：对于对公开演示容易产生焦虑情绪的学生，允许他们提前录制演讲来替代面对面的现场演讲；对于有视力问题的学生，可提供较大字体的文本方便阅读；对于有听力障碍的学生，可以将评估内容以文字方式呈现；对于有学习困难或残疾的学生，可以安排更长的时间来完成评估任务（Tomlinson & Moon，2013）。

原则 3：无论是哪一种差异化类型，差异化测评的评分系统都应是相同的。

评分系统应关注学习目标。如果学习目标侧重于学生的口语交流技巧，那么教师可以让学生采取不同的交流形式，例如可以允许现场口头演示或录音演示（Tomlinson & Moon，2013）。但是无论演示形式如何，测评应该基于同一评分系统，避免不公正。在下一小节中，我们将展示一些包含合作学习设计的差异化测评示例，如"工作站"（work stations）、"井字游戏"（tic-tac-toe）、角色受众格式任务（role, audience, format and task）、分阶段测评（tiered assessment）等。

6.3.3.2　差异化测评示例

1）"工作站"

这是根据 Theisen（2002）提出的学习中心活动改编的。以下示例是以合作学习拼图活动（参考 5.2.4 节）为基础设计的。

主题：春节传统

步骤 1：将学生分为 5 组，每个小组分配一个"工作站"，每个"工作站"向小组提供一项研究和演示任务。

步骤 2：学生须仔细阅读每个"工作站"的任务说明。以小组为单位分配任务，每个小组成员被分配一个子任务。学生使用互联网或从图书馆搜集信息。

1. 历史工作站：搜索春节的历史，展示春节历史的时间线，并用英语简要介绍时间线中的重要节点。

2. 音乐工作站：搜索一些流行的春节歌曲，选择小组最喜欢的三首歌曲，分析歌词并用英语总结每首歌曲的主题。

3. 美食工作站：搜索用于庆祝春节的食物，用英语描述和分享小组最喜欢的美食。

---

4. 习俗工作站：搜索庆祝春节的传统习俗或活动。学生可以选择三个，其中两个最受欢迎，一个有趣但不太受欢迎；需要用英语描述这三个活动，可以用视频来帮助解释。

5. 文化工作站：搜索世界不同地方庆祝新年的活动方式。选择小组认为非常有趣和令人印象深刻的三个活动，并用英语进行描述。

步骤 3：各个小组展示研究成果。学生可以使用视频、音乐等多媒体形式呈现和演示"工作站"的任务成果。

步骤 4：同伴反馈。在每个小组演示完成之后，其他小组将完成一份同伴反馈工作表，按照两颗星和一个愿望的结构，指出演示中的两个积极方面和一个需要改进的地方。小组反馈时应秉持诚实友好的态度，尽量提出能促进其他小组改善和提升的建议。

一颗星（正面反馈1）	两颗星（正面反馈2）	一个愿望：有待提高的地方

步骤 5：画廊漫步

每个小组可以指派一两名成员作为"工作站"讲解员，介绍"工作站"的任务和研究成果。其他成员可以在教室里访问其他"工作站"。这是为了给学生提供相互交流和学习的机会。

测评标准：

1. 研究调查的深度和广度

2. 小组成员的团队合作能力

3. 描述和表达中语言使用的准确性

4. 演示文稿是否引人入胜

5. 完成同伴反馈工作表的质量

2）"井字游戏"

"井字游戏"是参考 Theisen（2002：4）设计的差异化测评活动，具体如下。

　　将学生分成 4 人一组，每组从以下九宫格中选出 3 个任务格来完成。所选的 3 个任务格要连成一条线（水平、竖直或对角线都可以）。

1 动词练习 完成课本第三单元的动词练习 2 和练习 3。	2 设计问题 设计一个问卷，调查同学们有多少兄弟姐妹。邀请至少 5 个同学做问卷。	3 词汇练习 完成练习册第三单元关于家谱的练习。
4 设计问题 设计 10 个问题调查一个人的家庭成员情况。	5 设计一个有关家庭成员的填字游戏。	6 设计一个小测验，测试本单元所学的词汇。
7 观看本单元关于家庭的视频，记录 10 个关键词并用它们造句。	8 根据本单元所学的新词汇创作一幅画，借此记忆这些词汇。	9 根据本单元所学的新词汇创作一首歌，借此记忆这些词汇。

扩展活动：可以通过改变教学侧重点来调整或扩展每个方框里的活动，如切换听、说、读、写的练习；也可以调整规则，例如：九宫格中间任务格里的活动是每个学生都必须完成的，学生需要随机选择另外两个任务格，或排成一条线（水平、竖直或对角线），或平衡所练习的技能（一个用于口语，一个用于写作）。

以下是"井字游戏"的另一个示例。

主题： 策划节日派对

以 3—4 名学生为单位进行分组，在组内决定要庆祝的节日、场所、时间。每组从以下九宫格中选出三个任务格来完成（中间格是必选任务）。所选的三个任务格要连成一条线（水平、竖直或对角线）。此活动改编自 Modern Languages Teachers Association NSW (MLTANSW) (2017)。

为派对设计请柬 请柬要包括所有必要的信息，可以是电子或纸质请柬，但要具有视觉吸引力。 语言技能：英语写作	为派对设计菜单 语言技能：英语写作	为派对设计场地地图，帮助宾客到达场地 语言技能：英语写作
为派对制作一则播客来邀请朋友参加活动 语言技能：英语口语	** 必选活动 就派对举办的原因、地点、日期、具体时间和活动安排进行口头介绍。小组可以使用幻灯片进行演示。 语言技能：英语口语	录制一个两分钟的对话，讨论派对的音乐选择 语言技能：英语听说
向派对场地提供反馈意见（约 150 词） 语言技能：英语写作	组员个人任务：为即将在派对上发表的两分钟讲话撰写演讲稿（约 150 词） 语言技能：英语写作	组员个人任务：派对结束后，写一篇关于派对的日记（约 150 词） 语言技能：英语写作

可以考虑的另一种变化是在每个方框中附加分数（例如，完成每个方框中的一项活动得 5 分），并要求学生实现规定的总分要求。为了结合合作学习，学生可以分组完成井字游戏。为了使活动更有创意，教师可以在中间的盒子里设计任务，让学生分组设计其他盒子的学习任务。之后，小组交换他们自己设计的井字游戏并完成另一组设计的井字游戏。

3）角色受众格式任务

该任务根据 Theisen（2002：4）的设计改编而成，可以帮助学生了解他们写作时的身份、受众、作品格式以及写作的预期内容。此外，我们还加入了合作学习设计中的角落活动（参考 5.4.4 节）。

主题：预订酒店

准备：准备 4 张带有主题任务 / 观点的卡片（见下文）；提供每个子主题 / 观点的相关阅读资源；把班级分成 4 组。

	角色	受众	文本类型	主题任务
卡片 1	顾客	酒店员工	电子邮件	发电子邮件预订 5 晚的酒店房间，包括所有详细信息，如所需的房间类型、价格和设备
卡片 2	酒店员工	顾客	电子邮件回执	回复电子邮件确认预订，包括所有细节
卡片 3	顾客	酒店经理	投诉信	投诉酒店服务差，要求赔偿
卡片 4	酒店经理	顾客	投诉信回复	回应投诉并提出解决方案

步骤 1：教师将不同主题任务的卡片放置在教室的 4 个角落。

步骤 2：每个小组需要选择一个他们喜欢的主题任务，并讨论他们选择的原因和对该主题的回答（教师须规定讨论时间，例如 15—20 分钟）。教师为学生提供一些资源，如相关阅读材料、关键词汇表、有用的表达方式和建议回答结构。

步骤 3：每个小组需要与全班分享他们的作答和讨论。教师也可以从不同小组中随机选择学生进行演示。

4）分阶段测评

分阶段测评是一种比较流行的差异化测评方法（Heacox，2002；Theisen，2002）。教师可以根据学生的能力水平改变任务的难度或复杂度，学生则可以选择他们熟悉的主题和任务。以下示例按任务的复杂度作了分阶（Heacox，2002），从具体的思维技能转向更抽象的思维技能。

全班同学阅读一篇关于雾霾的短文，教师向全班展示分阶段任务，学生可以选择适合自己水平层次的任务。选择同一层次 / 级别任务的学生将组成一个小组完成任务。

第一层任务——宣传设计：要求学生使用口号、数字和图片等制作宣传公告，解释雾霾问题及其有害影响，并介绍如何预防雾霾。

第二层任务——调查问卷及报告：针对人们对雾霾的认识和理解设计一份调查问卷，需要包含 8—10 个英语问题。将问卷发给本班同学，需要收回至少 20 份问卷。调查结束后，各小组使用图表报告他们的调查结果。

第三层任务——研究报告：学生准备一份关于雾霾产生原因的英语研究报告并提出解决方案（约 300 词）。他们必须提供可靠的证据来支持他们的观点或论点，最后向全班演示他们的调研报告。

每个小组向全班展示他们的成果。

分阶段测评的一个关键原则是根据复杂度或难度级别区分任务，而不是简单地增加或减少所需的工作量。如果对活动附加激励措施，分阶段测评可能会更具吸引力，例如，对更具挑战性 / 复杂度的任务赋予更多的奖励或分数，激励更多学生挑战自己。虽然分阶段测评是一种很好用的形成性测评类型，但如果教师想要将公平性问题纳入考评，则需要谨慎处理。由于更具挑战性的任务通常比相对容易的任务有更多的分数（例如，第 1 层 = 20 分，第 2 层 = 25 分，第 3 层 = 30 分），教师需要为那些选择了较低分值任务的学生提供更多的可选任务，保证测评的满分不变。例如，选择第一阶段的学生还需要完成雾霾相关单词和表达的测验（每个测验各 5 分，一共 10 分）或者句式练习（每个练习 10 分），以达到总分 30 分的要求。

6.3.3.3 差异化测评的挑战

实施差异化测评的首要挑战是，计划和准备差异化测评任务需要大量的时间（Theisen，2002）。大部分教师认为，让全班做同样的事情会更容易。实际上，差异化是一个长期的过程（Tomlinson，2000），教师可以从设计一些小活动开始，而不必一味追求每节课、每个活动都有差异化教学和测评。

一些教师认为，差异化测评是根据不同的学习目标来评测学生，但这其实是一种误解。差异化测评和教学的关键原则是为学生提供多种途径或选择以实现相同的学习目标（Theisen，2002；Tomlinson & Moon，2013）。一些有特殊学习需求的学生则应该有单独的或特定的学习目标。

其次，差异化测评也有来自学生方面的挑战。他们可能不理解为什么同一个教室里的学生没有做同样的事，甚至认为这种差异意味着不公平（Theisen，2002）。实施差异化学习的关键是确保与学生沟通清楚差异化设计的原因和目的，从而帮助每个学生根据自身需求、兴趣和偏好更有效地学习并取得进步（Tomlinson & Moon，2013）。

6.4　总结与反思

为了实施有效的测评以加强合作学习，教师应利用多种测评策略评估学生的学习成果。本章介绍了一系列合作学习测评方法和示例，用于记录学生在测评中的情况并为学生提供信息与反馈，包括案例分析、成果展示、档案、同伴和自我测评、动态测评、基于课程的测评以及非正式测评如观察、问答、师生讨论等。除此以外，本章提供了基于学生需求的差异化测评的思路与示例，目的是为教师建立一个丰富的测评策略库，从而根据学生的需求选择合适的教学与测评。

反思问题

1. 您在教学中经常使用的测评类型是什么？
2. 以现有的一堂课为例进行反思：
    （1）在课堂中，与合作学习技能相关的学习目标和活动是什么？
    （2）如何结合自我测评与同伴互评的方式来支持合作学习过程？
    （3）如何对小组活动给予奖励？
    （4）可以引入哪些变化来更好地激发学生的兴趣？

第七章　信息与通信技术辅助的合作学习示例

　　信息与通信技术辅助合作学习的一个核心目的是通过改变教师和学生的角色，从以教师为中心转变为以学生为中心，进而促进学生的合作学习。本章重点介绍基于 Web 2.0 和 Web 3.0 网络技术的合作学习模式，并介绍具体示例活动。

7.1　Web 技术的发展及其对合作学习的影响

　　互联网技术已经从 Web 1.0 升级到 Web 2.0，目前已步入 Web 3.0 时代。这种快速的发展对教育产生了深远影响，尤其是在学习平台、学习模式以及教师和学生的角色方面。研究人员也相应提出了在线数字化学习的三个阶段，即在线学习 1.0、2.0 和 3.0（Gerstein，2014；Rubens et al.，2012）（见表 7.1）。

表 7.1　在线学习 1.0、2.0 和 3.0

	在线学习 1.0	在线学习 2.0	在线学习 3.0
技术	Web 1.0 信息收集	Web 2.0 信息交互（如维基百科、博客）；社交媒体平台（微信、微博、QQ 等）	Web 3.0 去中心化与智能化（如人工智能技术、虚拟世界、大数据）
学习理论	行为主义和认知主义	建构主义和社会学习理论	建构主义和连接主义
教与学	单向；将知识从教师传递给学生	更具互动性和合作性	个性化和自主教育
教师角色	专业人员	专业人员、辅导者和顾问	既是专业人员、辅导者，也是学习者
学生角色	信息接收者	合作和协商中的积极推动者	联络者、知识的创造者、建构主义者

在 Web 1.0 阶段，信息收集的主要目的是将信息添加至数据库以供用户访问（Bidarra & Cardoso，2007）。在线学习 1.0 模式主要是教师向学生单向传授知识（Bidarra & Cardoso，2007；Gerstein，2014）。

在 Web 2.0 阶段，最关键的因素是具有交互功能的社交平台，如微信、微博。通过这些社交媒介，用户之间可以交换、协作并创建信息（Bidarra & Cardoso，2007）。在在线学习 2.0 模式中，学生可以通过社交媒体平台来对学习内容进行评论、汇总和共享交互（Gerstein，2014；Okada et al.，2014）。在线学习 2.0 的主要特点是"三个 C——沟通(communicating)、贡献(contributing)和协作（collaborating）"（Gerstein，2014：87）。同时，互动的多样化体现在师生之间、学生之间以及学生和内容之间。虽然教师仍然是大多数学习活动的研发者和学习过程的促进者，但是在 Web 2.0 技术的支持下，在线学习 2.0 已经开发出更多以学生为中心的学习方法，如基于项目或基于探究的合作学习，还有体验式或沉浸式学习（Gerstein，2014）。

与 Web 2.0 相比，Web 3.0 更加结构化和智能化。其中一个关键点是语义网络（semantic web），它指的是按照语义规则来存储信息，并将其编码为词汇集，从而使软件代理程序能够读取、使用、共享并集成信息和知识（Bidarra & Cardoso，2007；Morris，2011）。换句话说，现在的数字工具在理解甚至创造新知识的能力方面比以前的文字处理器更加智能化（Bidarra & Cardoso，2007）。一个依托 Web 3.0 的数字技术的例子是由该技术创造的虚拟世界，例如"第二人生"（Second Life）和"活跃世界"（Active Worlds）[1]，它们具有拟人头像、智能代理和多媒体功能。智能学习的模型或系统可以根据学生的背景知识、技能、能力、动机、学习偏好和学习进度等信息来定制个性化的教学内容和进度安排（Morris，2011）。在线学习 3.0 的特点也可以用三个 C 来总结——"连接者（connectors）、创造者（creators）和建构主义者（constructivists）"（Gerstein，2014：91）。本章着重介绍 Web 2.0 和 Web 3.0 背景下的合作学习设计与示例活动。

---

1 需要注意的是，这些虚拟世界中的内容并不都适合作为语言学习的材料，可能需要教师的监督和引导。

7.2 Web 2.0 技术支持的合作学习示例

本节重点介绍支持合作学习的几个主要的 Web 2.0 技术，包括交互式在线写作平台或软件、交互式在线思维导图、移动社交媒体和语言类慕课。我们首先介绍每种技术类型的相关研究，然后列举使用这些技术支持英语教学合作学习的具体活动示例。

7.2.1 交互式在线写作平台或软件

技术辅助的合作学习研究已经持续了近 20 年，并且越来越多地被应用在第二语言课程中（Li & Kim，2016）。以合作写作为例，一些 Web 2.0 工具（如 WPS）能够克服时间和空间的限制，使学生以同步或异步的方式参与讨论、联合写作，对彼此提供反馈或对写作内容进行修订（Li，2018；Yan，2019；Yee & Yunus，2021）。

合作写作指参与者在写作活动中经过一个协商谈判的决策过程，共同负责编写文本（Storch，2013）。这种方法得到了 Vygotsky（1978）的社会文化理论的支持，他认为所有的学习都应从人际互动开始，然后在个人层面实现内化。合作写作的过程包括小组成员间的互动、谈判、冲突处理和经验共享（Li & Kim，2016）。通过这些交流互动，组员们分享关于二语写作的设计和反思，包括语法、词汇、结构和意义等方面（Kessler，2009；Li & Kim，2016；Storch，2013）。这些交流和互动可以通过在线的文字处理技术实现，例如博客（Sun & Chang，2012）与聊天室（Elola & Oskoz，2010）。WPS 软件可以看作一个在线写作平台，包含同步和异步访问在线文档，以及追踪修改和注释的功能。它可以使多人同时处理一个文档，而教师也可以监测写作过程并随时提供意见与辅导（Bikowski &Vithanage，2016）。

研究发现，合作写作可以提高学生写作中语言的准确性和流畅性，也可以提升他们在协作过程中的参与度和自主学习的动力（Kessler，2009；Kessler et al.，2012）。通过分析写作文本，包括学生添加、删除、替换、改写、重组文本的过程，研究人员发现，学生的写作技能在合作写作过程中发生了一些明显的变化（Li，2018；Li & Kim，2016）。学生在合作头脑风暴、制订写作计划和编辑过程中学习到的技能都会体现到他们的个人写作中（Li & Kim，2016）。因此，研究人员还建议将在线合作写作和个人写作相结合（Elola & Oskoz，2010）。

　　研究人员通过分析学生在 Wiki 平台上合作写作的在线讨论记录发现，有两种在线互动模式可以提供更多的学习机会：第一种是集体贡献及相互支持，第二种是小组权威及组员响应（Li & Zhu，2013）。而第三种互动模式——一人主导及组员退缩，则不能带来较多的学习机会，所以组织在线合作写作时要避免这一情况。这也意味着教师需要为学生提供相关培训，包括在线文字处理技术和积极合作的技巧，比如如何在谈判和意见产生分歧时保持尊重和礼貌，如何管理时间和进度，如何确保小组成员平等分工，以及如何应对冲突和沟通障碍等（Bikowski &Vithanage，2016；Li & Zhu，2013）。

　　上述第一种模式与合作学习的原则一致，突出个人责任感和相互依存性。以下示例活动也依据这一模式，改编相关研究中的合作写作活动（Bikowski & Vithanage，2016；Elola & Oskoz，2010），并结合了结构化辩论（参考 5.3.4 节）的设计。该活动为每个小组成员分配特定的任务和角色，以此来加强个人责任感，且综合考虑小组成员的不同想法（Bikowski & Vithanage，2016）。

话题： 对金钱的态度

任务： 教师提前准备一篇比较两种对待金钱的态度的文章，比如支持自由消费或省钱储蓄。

平台： WPS

步骤 1：（第 1 天）为学生提供如何使用 WPS 以及如何进行合作写作的培训。

步骤 2：（第 2 天）将班级分成小组，每 4 人一组，作为 WPS 的在线小组。每个小组创建一个 WPS 文档，其中包含一个两列的表格。一列是支持个人应该自由消费的观点；另一列则相反，即支持个人应该省钱储蓄的观点。然后小组按照以下流程完成结构化辩论活动。

1. 将每组的 4 人分成两对。一对列出至少 3 个支持自由消费的论点，另一对列出至少 3 个支持省钱储蓄的论点。

2. 4 人小组内分享并讨论观点。

3. 回到各自的二人小组并在各自的列表中添加论点。

4. 4 人小组重新聚在一起，分享论点，然后共同确定支持每个陈述最有力的论点。

步骤 3：（第 3 天）教师阅读每个小组的论点，提供内容反馈，并向全班学生概述建议的论文结构。

步骤 4：（第 4—5 天）每个学生选择一种对待金钱的态度，并在他们的 WPS 小组中起草自己的论文大纲，从小组的结构化辩论中选择至少三个论点。

步骤 5：（第 6 天）在同一组中，学生根据内容和结构评价每个成员的大纲。小组反馈应提供大纲中的两个亮点和一个需要改进的地方。

步骤 6：（第 7—12 天）根据对大纲的反馈，每个学生独立完成自己关于"对待金钱的态度"的英语作文。

7.2.2 交互式在线思维导图

思维导图是指通过图表或地图的形式来显示信息或概念的分类和联系（Tavares et al.，2021）。互联网技术使思维导图更具交互性和动态性，可以融合文本、图像和视频等多媒体元素（Tavares et al.，2021）。此外，大多数在线思维导图软件支持共享，多个学习者可以通过电子邮件或链接来查看、评论和编辑，同时团队成员之间还可以在线同步聊天（Lin，2019；Oktaputriviant & Rizqiana，2022）。作为教学资源，在线思维导图不仅能帮助学生集体构建知识框架，还能促进学生之间的合作与互动（Tavares et al.，2021）。

目前在线思维导图的应用程序不断涌现，并被应用到教学中，例如：FreeMind、MindManager、MindMeister、Cacoo、Coggle 和 iMindMap（Arulchelvan et al.，2019；Lin & Faste，2011）。一项研究（Zheng et al.，2020）使用 ProcessOn 作为在线思维导图工具并结合合作学习策略帮助学生学习。研究结果表明，合作思维导图策略提高了学生的学习成绩和自我效能感。一些研究也尝试将思维导图应用程序与翻转课堂和同伴测评相结合，发现使用思维导图软

件进行合作学习的学生比传统学习模式下的学生在学习成绩和自我效能感上有
了更多的提升（Lin，2019）。

　　这里我们着重介绍一种在线思维导图，即多媒体虚拟墙平台 Padlet 及其在
合作学习中的应用。Padlet 结合了交互式思维导图和文字处理应用程序的功能，
非常适用于合作学习（Fuchs，2014；Zhi & Su，2015）。学生可以使用 Padlet
分享和整理想法，通过评论进行对话，还可以绘制图表（Shuker & Burton，
2021）。帖子不仅包括文本，还涵盖嵌入链接、图像和视频（Zhi & Su，2015），
从而使得内容更加丰富有趣。此外，Padlet 还提供不同风格的页面来记录和呈
现小组工作。例如，"货架板"可以为每个小组设置多列帖子栏，使得小组信
息呈现更加有条理（见图 7.1）；"看板"可以为每个小组提供自己的展示空间
来集合信息（见图 7.2）；"画布板"适合绘制思维导图（见图 7.3）（Shuker &
Burton，2021）。Padlet 正在扩展更多功能，如地图、时间轴等。

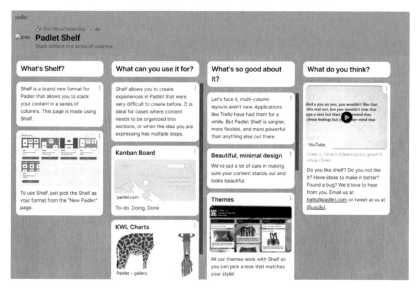

图 7.1　"货架板"

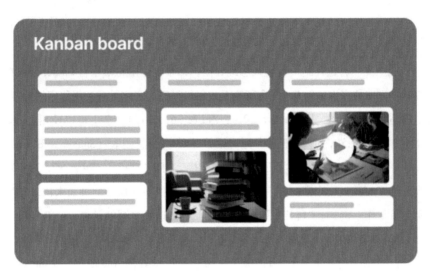

图 7.2 "看板"

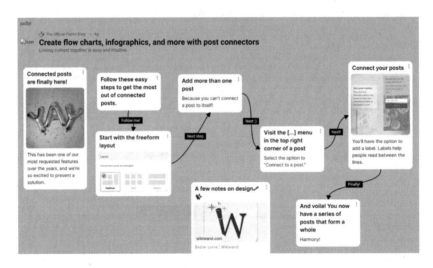

图 7.3 "画布板"

7.2.2.1　示例活动 1：合作思维导图设计

该活动改编自 Mendelson（2016）的协作思维导图设计，并以 Padlet 为活动平台。此外，它还融合了"烫手山芋"活动（参考 5.2.2 节）的设计，以促进小组成员的个人问责和互动。

话题： 职业和工作

任务： 此活动分为两个部分：第 1 部分为小组介绍，学生将讨论未来 10 年内的十大热门职业；第 2 部分为个人书面作文，学生将叙述各自在未来所期望从事的理想职业。

平台： Padlet

步骤 1：（第 1 天）为学生提供如何使用 Padlet 以及合作学习的相关培训。

步骤 2：（第 2 天）将班级分成 4 组，每个小组创建一个"画布板"。

步骤 3：（第 2 天）每个小组集思广益，讨论未来 10 年内十大热门工作和职业，并使用"画布板"绘制思维导图。鼓励学生阅读教材中"未来职业"单元的信息，并鼓励学生使用在线资源搜索查阅相关资料。

步骤 4：（第 3 天）每个小组通过搜寻资料，调查以下问题来为小组的思维导图扩充信息：

1. 你对这份工作了解多少？

2. 这份工作的相关职责包括哪些？

3. 这项工作需要哪些技能？

4. 为什么这份工作被你们小组选为十大热门工作之一？

小组成员可以在组内自主讨论，同时合理分配问题给每个成员，以便提高信息搜索的效率。

步骤 5：（第 4 天）每个小组使用他们制作的"画布板"向全班同学展示他们的想法，鼓励学生使用文本、图像和视频等多种媒介以增加演示文稿的吸引力。

步骤 6：（第 5 天）每个学生从列表中选择自己喜欢的工作，并在同一画布板中对其进行注释，解释他们为什么选择该工作。如果小组中两个成员选择相同的工作，也没有问题，可以请他们分别解释选择该工作的原因。

步骤 7：（第 5 天）"烫手山芋"活动：每个小组成员在 Padlet 平台阅读完其他小组成员的注释后，须添加一条关于所选工作相关优势的评论，并提出一个问题。问题可能是与此工作相关的任何内容，例如：此工作的收入大概是多少？此工作是否存在风险？之后，小组成员阅读评论与问题，并给出答案。最后，每个小组中选择一名成员与教师共享其"画布板"的链接，作为其小组工作的成果。

步骤 8：（第 6—10 天）根据小组思维导图、评论和问题，每个学生起草一篇关于他们理想工作的英语作文（约 300—400 词）。

7.2.2.2　示例活动 2：WebQuest

WebQuest 是一项基于探究的学习活动（Awada et al.，2020；Ebadi & Rahimi，2018），该活动包括学生通过搜索互联网资源进行的一系列调查任务。在活动过程中，每个学生将承担特定的职责（Awada et al.，2020）。在实践 WebQuest 的过程中，学生的语言技能、高阶思维能力和文化意识都能得到增强（Arsanjani & Faghih，2015；Awada et al.，2020）。WebQuest 任务的常见流程包括：（1）定义网络任务；（2）明确网络查询的目的；（3）确定网络查询的步骤；（4）制定具体的网络任务；（5）实现网络任务；（6）总结。

以下示例改编自 BBC（n.d.）开发的 WebQuest 活动，并以 Padlet 为在线活动平台。

话题：2022 年新闻海报

说明：学生首先接受有关如何使用 Padlet 以及如何进行合作学习的相关培训。在 4 人小组中，小组成员将制作一个名为"2022 年"的多媒体新闻海报和演示文稿，总结 2022 年的重要新闻和事件。以下是需要每个小组共同完成的 7 项任务：

任务 1：每个小组从 BBC、*China Daily* 和新浪网"新闻中心"中，根据以下四个新闻类别进行搜索。每个小组成员负责为其中一个类别选出两则重要新闻。

• 政治

• 健康

• 商务

• 体育和娱乐

任务 2：每个小组成员需要根据两则选定的新闻写一份简短摘要（每则约 50 词）。在小组的 Padlet 墙上编译摘要，并与整个班级共享链接。

摘要提示卡如下：

Tips for the summary:

• Include a title for each news summary.

• Include at least three key words, listed at the bottom of the summary.

• Include the date on which the news story was published.

• Use images or pictures.

• Useful language for the group's presentation is as follows:

One of the main events of 2022 was …

You'll remember how in [March 2022] …

What happened was ….

任务 3：教师对班级内的小组进行配对，小组需要互相阅读对方的总结和 Padlet 上的摘要，并对每个类别中最重要的新闻项目作出评论。以下是小组审阅时需要考虑的问题：

1. 这个故事有新闻价值或趣味性吗？

2. 摘要是否清晰？所用语言是否准确？

任务 4：每个小组根据任务 3 中的小组审阅，从每个类别选定一则新闻，并用文本、视频和图片在 Padlet 中设计多媒体新闻海报。小组需要在海报底部添加"阅读有关此新闻的更多信息"的链接。

任务 5：每个小组合作准备对新闻海报的课堂展示，可以使用小组的原始摘要作为基础，并扩充更多细节信息（约 100 词）。小组成员自主安排展示的顺序并进行排练。

任务 6：每个小组向全班同学展示他们的多媒体新闻海报。

任务 7：展示结束后，小组内每个成员完成一份自我评估问卷，说明其工作和对小组工作的贡献。自我评估问卷如下：

Self-evaluation Questionnaire.

Name:

I found the group work easy/difficult because …

Next time I do group work, I'd like to …

What did I learn about news events in 2022? …

What did I learn about producing a news poster and giving presentation in English? …

My English improved/didn't improve while I was doing this project because …

What did I learn about online searching?

7.2.3　移动社交媒体

除了在线文字处理技术外，移动社交媒体应用程序也对学生的语言学习产生了积极影响（Omar et al., 2012），这些移动社交媒体方便人们随时随地使用。本节首先回顾社交媒体在辅助合作语言学习方面的相关研究，然后提供详细的任务示例。

研究表明，移动设备比台式计算机对语言学习有更好的影响（Sung et al., 2015）。移动辅助语言学习（mobile-assisted language learning，简称 MALL）的可用性和功能体现在：（1）移动学习具有自发性、瞬时性和便携性，人们可以随时随地使用电子设备学习；（2）学习者可以控制设备，实现更个性化的学习；（3）学习者可以通过移动设备搜索各种真实语言资料；（4）移动设备有更大的灵活性，可以更好地融入学生的日常生活；（5）移动设备支持互动、合作、同伴辅导和及时反馈（Chen & Chang, 2011；Perez et al., 2011；Wong & Hsu, 2016）。

许多社交媒体，如博客和微信，已被用于支持学生的合作和互动（Ifinedo, 2017；Kuo et al., 2017）。在一项研究中，一组学生使用博客发布他们研究项目中的工作，并相互提供反馈。调查结果显示，博客的使用加强了小组成员之间信息的沟通并促进了有效的交流（Awada & Gutiérrez-Colón，2019）。Telegram 是一个基于云端的即时消息传递移动应用程序，也被作为合作写作的工具（Aghajani & Adloo，2018）。合作写作小组的学生在 Telegram 上发布他们的文章，并对小组成员的工作发表评论。研究结果显示，使用 Telegram 的合作写作组学生得分略高于面对面的合作写作组学生得分。此外，学生也对使用 Telegram 进行合作学习持积极态度。同样，另一项研究表明，以 Google+ 社交网络为平台的合作学习活动也提高了学生的学习成绩，改善了学生对合作学习的态度（Huang et al.，2014）。

使用社交媒体和移动应用程序来促进合作学习是当前外语研究的一个热点。一项研究尝试使用播客和博客（podblogging）来辅助学生进行合作学习。参与者通过订阅播客，并在共享博客上与四名组员就播客主题进行讨论（Perez et al.，2011）。另一项研究让学生在 Facebook（脸书）上发布小组项目的进度，并相互共享资源。同时，他们使用微信进行同伴反馈，在遇到问题时请求帮助，并进行快速查询和公告（Wang，2014；Wang et al.，2013）。国内很多社交媒体和移动应用程序也可以配合使用来支持合作学习，如微信、微博、豆瓣、哔哩哔哩等。研究结果显示，学生更喜欢使用多种社交平台进行合作（Wang，2013），其中微信已成为最受欢迎的社交应用程序之一。微信可用于移动设备和台式计算机，并具有多种功能：文本和语音消息传递、组成群组、视频或语音聊天以及小程序应用等（Jin，2018）。它不仅是日常沟通工具，也可作为英语学习工具，帮助学生与同伴互动并获取信息（Jia & Hew，2019；刘洁，2018）。首先教师组织学生成立自己的小组微信群，然后用视频和信息发布写作任务和反馈意见。每个小组协作完成初稿，并经过小组内自评、小组间互评和教师反馈来不断修改完善（Lei & Liu，2020；Yan，2019）。研究也发现，微信中的表情包及其传递的信息起到了情绪管理的作用，通过使用表情加文字信息的方式进行沟通，提升了小组和个人的愉悦感，同时也加强了小组成员之间的互动互助（Zhang et al.，2021）。

对于教师而言，活动设计可以从使用一两个技术开始，在学生对不同技术熟练之后再逐渐转向多种技术的组合使用。此外，研究人员认为，技术和程序本身并不能让学生之间自动产生合作，只有在使用有效的分组策略和明确学生的任务之后，才可能实现有效的合作学习（Li & Kim，2016）。

在示例活动中，我们选择微信作为首选的移动社交媒体（Jin，2018）。尽管一些研究已经讨论了在合作学习中使用微信的潜力（Wei，2017；Yan，2019；Zhang et al.，2021），但是没有太多的研究和教学设计在使用微信时加入具体的结构化的合作学习活动（Yan，2019）。下面的示例活动以微信为平台，参考合作听写活动（参考 5.1.3 节）练习英语听力、口语、阅读和写作技巧。

话题： Pets in our life

任务： 此任务包括两部分：1. 小组任务（步骤 1—4）；2. 个人写作任务。

平台： 微信和 WPS

材料： 一段关于 Pets in our life 的短文录音（时长约 1.5 分钟）

第 1 部分

步骤 1： 向学生展示如何使用 WPS 和微信进行合作学习。

步骤 2： 将班级分成 4 组，每组创建自己的微信群。教师加入每个小组，并为每个小组成员分配一个角色和任务：

学生 1：小组负责人，负责协调小组活动，并确保每个成员都作出贡献。

学生 2：记录员，保存微信消息。

学生 3：笔记检查人，核对成员的笔记。

学生 4：抄写员，将笔记整理成草稿文档。

步骤 3： 合作听写活动

教师将音频文件和任务说明（如下）发布到每个微信群，学生完成以下任务。

---

1. 下载音频文件，在设备上播放录音并做笔记。（5 分钟）

2. 第一次听完录音后发布笔记，可以使用文本或语音消息来相互检查彼此的笔记是否清楚。在检查的基础上，修改各自的笔记。（15—20 分钟）

3. 再次听录音并做笔记。（5 分钟）

4. 第二次听完录音后，再次发布并相互检查笔记，然后校对最终草稿。（15—20 分钟）

5. 查阅发布到小组群的原文，将草稿与之作比较。（10 分钟）

步骤 4：小组反思和讨论

1. 每个小组成员分享他们从合作听写活动中学到的新单词或表达方式。

2. 小组讨论以下问题：

  （1）What was your experience of raising a pet?

  （2）Do you have any preference for a pet?

  （3）List the pros and cons of raising a pet.

  （4）Give your reasons for having/not having a pet.

第 2 部分

  根据讨论，每个学生使用以下建议结构写一篇关于 The ideal pet 的短文（150—200 词）：

1. Introduction to your ideal pet (around 50 words)

2. List three reasons why this is the ideal pet (90-100 words)

3. Conclusion (around 50 words)

  完成个人作文后，将其提交给教师。

7.2.4 语言类慕课

  慕课是在线平台提供的开放的教育资源（Breslow et al.，2013）。语言类慕课（LMOOCs）特指为第二语言提供的在线课程，其制作者涵盖国际和国内的教育人员，学习者享有潜在的无限参与度（Bárcena & Martín-Monje，2014）。国内大型 MOOC 平台（如爱课程和学堂在线）已上线数百种语言类慕课（Ding & Shen，2020；Han Yanhui，2019）。

  LMOOCs 为英语学习者提供了丰富便利的资源，但也存在两个主要问题。一是由于 MOOCs 的重点是内容覆盖率以及学习任务的完成度和准确性，因此大多数 MOOCs 的设计都忽视了如何促进学习者之间的互动这一问题（Sallam et al.，2022；Teixeira & Mota，2014）。一篇关于 LMOOCs 研究的系统综述指出，在 2012—2018 年间，仅有一篇论文关注 LMOOCs 中的合作学习研究（Sallam et al.，2022）。二是大多数 LMOOCs 中语言技能练习不均衡，更偏重阅读和听力练习，对写作和口语练习关注较少，有可能是因为后两项技能需要更多的教师反馈（Sallam et al.，2022；Vorobyeva，2018）。

事实上，LMOOCs应该将自主学习与合作学习结合，形成一个学习社区。特别是当LMOOCs涉及数千名学生时，教师不可能进行个性化的授课，因此可以从两个方面为学生提供支持。一方面，教师基于LMOOCs中的学习材料给出详细的任务说明和学习指导。这些学习资料和指导可以通过学习管理系统（learning management system，简称LMS）、社交空间（如微信群）和个人空间分享给学生。另一方面，学习者之间可以通过合作、讨论和对话相互支持（Teixeira & Mota，2014）。在分组方面可以有两种选择：随机小组（如Zoom中的随机分组讨论室）和学生自发组织的分组。第二种选择可以更好地考虑学习者的需求和偏好（Teixeira & Mota，2014）。在合作学习的设计方面，Coetzee et al.（2015）提出了一个合作学习框架，包括迷你课程、自学和小组讨论。该设计要求学生首先结合个人学习和小组讨论完成个人测验，然后根据个人测验情况再进行小组讨论，以增强积极的相互依存关系并提升学习效果（见图7.4）（Coetzee et al.，2015；Johnson et al.，1991）。

图7.4　合作学习框架（Coetzee et al.，2015：1145）

我们根据Coetzee et al.提出的合作学习框架，结合玛丽华盛顿大学MOOCs平台的"猜故事"活动（Hutchins，n.d.），设计了一个适用于国内英语学习者的合作学习活动。该活动可以有效帮助学生练习多项语言技能和跨文化理解能力。

话题： 文化禁忌

材料： 阅读材料是"西方文化禁忌"。教师需要设计一系列阅读理解问题和基于阅读材料的小测验。阅读理解问题可以包括文本类、结构类和语言类的问题。

平台： 学习管理系统（LMS）、微信

步骤 1：培训学生如何使用 LMS 在线讨论平台，以及如何在微信群中合作沟通。

步骤 2：将学生分为 4—5 人的小组，每个小组建立一个微信群。小组登录 LMS 进入"文化禁忌"模块，每个成员需要在小组讨论前阅读完有关文化禁忌的文本材料。

步骤 3：每组在微信群共同讨论并完成阅读理解问题。

步骤 4：小组讨论后，学生单独完成 LMS 上的在线测验。

步骤 5：完成并提交在线测验后，教师在 LMS 上提供正确答案。学生将自己的回答与正确答案进行比较，如果有不清楚的地方，可以与小组成员讨论。之后，每个学生可以再做一遍测验以加深理解。

步骤 6：每个学生寻找一个国内文化禁忌，在微信群分享与此禁忌相关的五张图片，让其他人猜测，可以提供一些提示，之后用英语介绍相关的内容。

步骤 7：每个小组成员都将他们改写的英语介绍上传到 LMS 的讨论模块。每个学生都需要阅读至少三个以上由其他同学上传的介绍，并选择最有趣或最令人印象深刻的一个在自己的微信群分享。学生可以通过语音聊天的方式用英语简要介绍所选的文化禁忌。

步骤 8：每个小组选定一个国内文化禁忌和一个西方文化禁忌，并制作一个 Venn 图表，比较中西文化禁忌在习俗、语言和文化方面的异同。随后，小组将 Venn 图表提交到 LMS 的讨论部分。

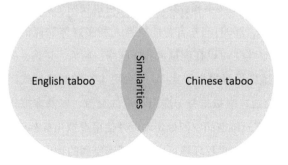

7.3 Web 3.0 智能技术辅助的合作学习示例

用于语言学习的 Web 3.0 技术包括 3D 虚拟功能、人工智能支持的智能学习辅导、智能交流和自动写作测评（automated writing evaluation，简称 AWE）系统。本节第一部分首先论述如何在 3D 虚拟世界学习环境中进行语言学习，并提供 3D 虚拟世界环境下的合作学习活动示例。第二部分介绍人工智能支持的语言学习相关研究，以及具体的合作学习活动示例。

7.3.1 3D 虚拟世界中的合作学习

7.3.1.1 3D 虚拟世界支持合作学习的功能

研究表明，学生的外语学习动机在虚拟学习环境中比在真实教室里更高（Henderson et al.，2012；Wang et al.，2021），他们的参与度和互动也增加了（Swier，2014；Vuopala et al.，2016），主要是因为虚拟世界为学生提供了丰富而愉快的学习体验（Bidarra & Cardoso，2007）。同时，学生学习外语的焦虑感相应降低（Melchor-Couto，2017），与面对面的环境相比，虚拟世界中的环境因带着虚拟身份，对很多语言学习者来说很有吸引力，沟通压力也较小（Wang et al.，2021）。

Web 3.0 虚拟世界特有的四种功能可以用来促进合作学习。第一，3D 虚拟世界不仅允许用户用文本和音频通信，还可以使两个或多个用户在虚拟世界中同步通信（Lee，2009），并有智能机器人和多媒体功能的辅助（Bidarra & Cardoso，2007）。学生可以在虚拟世界中联络、聊天、讨论、共同参与合作项目。第二，3D 虚拟世界提供了比 2D 平台更丰富的交流方式，比如阿凡达虚拟化身之间的交流，虚拟化身与虚拟环境的交流，以及虚拟化身与参与者的交流。用户可以在三维空间中四处走动，并使用虚拟化身参与合作活动（Lee，2009）。第三，3D 虚拟世界环境可以克服现实空间的物理限制，为小组活动提供更广阔的空间（Mroz，2014）。第四，3D 虚拟世界的游戏功能可以更好地激励学生参与完成合作任务以赢得游戏（Kronenberg，2012）。因此，研究者认为，在使用虚拟世界作为语言学习环境时，教学设计对学习的效果有着关键的作用（Wigham et al.，2018）。比如根据场景设计目标导向的合作学习任务，可以有效帮助学生在专注地完成任务的同时达成学习目标，而非单纯地玩游戏（Mroz，2014）。

在为 3D 虚拟世界学习环境设计任务时，教学设计要以合作学习原则和元素为基础，例如积极的相互依存关系、个人任务、互动和小组进度复盘等（Cuseo，1992；Johnson & Johnson，1989；Lee，2009）。研究人员就如何将这些要点纳入 3D 虚拟世界学习环境提出了一些建议：（1）学习任务的结构应该鼓励学生合作完成，力求学生共同努力实现目标或完成任务（Thompson et al.，2018）；（2）为每个小组成员设定明确的角色，这一点很重要，可以帮助他们参与学习体验并促进彼此之间的互动（Jensen & Konradsen，2018）；（3）可以为每个成员提供访问不同信息和技术的机会，以促进个人任务完成和分布式团队协作（Slater & Sanchez-Vives，2016；Weber & Kim，2015），因为信息差可以激励他们相互沟通。我们将在下一节中系统论述 3D 虚拟世界中的合作学习研究。

7.3.1.2　3D 虚拟世界环境中的合作学习研究

我们按照上文提到的研究建议来介绍 3D 虚拟世界环境中的合作学习研究，涉及三类主题：（1）合作学习任务类型；（2）角色扮演；（3）信息差。

1）合作学习任务类型

3D 虚拟世界中合作学习的设计更注重让学生完成任务或者解决问题这一导向，要求他们相互沟通、协调合作来完成任务。就任务类型而言，大致分为三种：接近真实生活的任务、游戏类型的任务、综合多个合作活动的任务。

第一种类型的任务与现实生活相关。例如，一项研究以 Build & Show（一个 3D 虚拟空间）为平台，要求学生与团队成员合作，构建虚拟建筑物的内部，并在外部建立一个操场（Yeh & Lan，2018）。另一个例子是在"第二人生"中的中国岛上，学生需要在虚拟火车站为整个团队购买前往北京的火车票。为满足预算和到达时间等要求，学生需要与团队成员共同讨论协商（Grant & Huang，2010）。虽然这些任务也可以在真实的课堂环境中完成，但是虚拟世界和虚拟化身的使用能够给学生提供一种共同存在的感觉和接近现实的沉浸式环境，因此学生愿意更多地参与任务和合作（Canto & Ondarra，2017）。此外，其他研究还显示，与面对面的任务相比，个体参与者在虚拟世界的合作活动中表现出更强的领导力倾向（Slater & Sanchez-Vives，2016）。

第二种类型是基于游戏的合作任务，例如寻宝和探险活动。关于 3D 虚拟世界的很多研究都强调合作学习，例如基于问题解决的小组探索，其中清晰的结构设计是加强学生合作的关键（如 Warburton & Perez-Garcia，2010；Warren et al.，2008），而游戏则为此提供了桥梁。比如，学生通过"第二人生"虚拟世界中的地方之旅，为他们的探险活动选择合适的地点（Mennecke et al.，2008）。在此过程中，他们需要按照每一步的搜索指令和提示搜寻位置。这个过程既有趣味性，又有挑战性，需要相互交流和支持。完成任务后，每个学生都需要写一篇关于他们探险经历的反思性文章，这可以加强每个组员的个人责任。

第三种类型的任务综合了多个合作学习活动。例如，Peterson（2006）在研究中为 24 名 EFL 学习者设计了三个合作学习任务：决策、拼图和意见交换。学生需要两人一组在 Active Worlds（一个 3D 虚拟世界）中完成。决策活动要求学生讨论并确定一个礼物清单。在拼图活动中，小组会得到一个任务工作表，涉及六张描绘故事情节的图片。二人组中的每个学生会收到不同的三张图片，需要互相描述他们的照片，以确定故事情节的顺序。意见交换任务要求每组学生讨论并列出他们理想婚姻伴侣的品质清单。虽然这三项任务没有直接联系，但目的是让学生有充足的时间沉浸在合作学习中。一个有趣的发现是，学生在决策任务中参与度最高。

2）角色扮演

角色扮演活动需要为每个小组成员分配一个角色，以完成在 3D 虚拟世界中的任务。3D 虚拟世界可以让参与者有身临其境的感觉。特别是在一些涉及多个角色的复杂情况下，参与者可以通过轮流扮演不同的角色，从不同的角度参与活动（Caruso et al.，2014）。例如，教师设计了一个 3D 虚拟世界场景：一个顾客向咖啡馆工作人员抱怨食物难吃；接着给小组中的每个学生分配了此场景涉及的角色和任务，来完成对话任务（Shih & Yang，2008）。教师也可以给予角色和相关职责更具体的说明。例如，任务要求在虚拟世界中经营一家公司，每个学生被分配一个角色并涉及具体的职责，如项目经理、系统分析师、团队负责人或人力资源经理。类似项目是 3D 虚拟世界中基于角色扮演的学习活动（Maratou et al.，2016）。

如果希望培养学生的创造力，任务设计还可以让学生来创造角色扮演的场景或故事，这比要求他们扮演别人创造的故事更能激发学生的动力。例如，一项研究为学生在 3D 虚拟世界中设计了三个相关的活动：（1）小组需要创作设计一个角色扮演场景，例如校长、老师和家长之间就学生的行为问题进行对话；（2）对话之后，他们需要设计一系列后续跟进行动；（3）完成自己小组的任务之后，他们需要进行另一个小组的角色扮演。研究结果发现，这些活动有效提高了学生的人际沟通能力（Mørch et al.，2015）。

3）信息差

3D 虚拟世界中的一种合作学习是利用信息差为学生创造合作和交流的机会。例如，一项研究使用 3D 虚拟世界的游戏任务进行英语词汇训练（Lochmann et al.，2015）。参与者两人一组来完成任务。所需信息仅对一个玩家可见，任务操作必须由另一个玩家完成。因此，他们必须靠相互交流信息和合作才能完成任务。信息差有助于增强团队成员之间的相互依靠（Weber & Kim，2015）。与此同时，3D 虚拟世界中的游戏创造了一个引人入胜的学习环境。

7.3.1.3　3D 虚拟世界中的合作学习任务示例（以"第二人生"为例）

"第二人生"是一个集中了拟人头像、智能代理和多媒体功能的虚拟世界，用户可以选择虚拟化身在其中活动并互相交流。我们以"第二人生"为平台设计了三个示例任务。第一个示例的特点是基于任务的学习，其中包含一系列任务，要求学生在小组中共同努力完成。第二个示例涉及将特定角色分配给每个成员。第三个示例使用信息差来鼓励学生合作。

1）示例 1

此示例任务改编自 Grant & Huang（2010）对"第二人生"任务中的英语学习的研究。

话题： 预订机票

准备： 将学生分为 4 人一组，登录"第二人生"网站并阅读以下任务说明。

任务场景： 该小组希望在圣诞节期间安排一次澳大利亚之旅。在"第二人生"中登录中国岛后，找到中国小镇的旅行社，预订从北京到悉尼的机票。

　　学生需要遵循预订规范：

1. 为组员预定往返机票（12 月底前抵达悉尼，1 月中旬前返回北京）。

2. 机票预算为每人 8,000 元。

3. 以中转航班为准。

4. 一名团体成员担任旅行社工作人员的角色。其他三名成员需要与工作人员讨论并协商，以确保他们在预算限额内为整个团队购买到合适的机票。

5. 购票后，每个小组需设计一张数码机票，其中包含航空旅行所需的信息，并提交给老师检查。

　　以下是衡量任务完成度的标准：

1. 团队机票购买完成情况

2. 数码机票的信息完整性与准确性

3. 组内沟通的有效性

4. 每个成员的平等参与度

2）示例 2

此示例任务改编自"第二人生"中针对汉语学习者的一项研究（Yang et al.，2022），任务设计已针对英语学习进行了调整。首先，学生需要在"第二人生"中创建他们的账户，登录后阅读任务要求。学生需要完成两项任务。任务 1 要求学生扮演旅行社工作人员和顾客的角色，完成预定邮轮旅行的对话。任务 1 对话完成后，教师将进行 20 分钟的讲座（图 7.5 中的巩固阶段 1），介绍如何预定邮轮旅行，并解释学生在任务 1 的对话中出现的词汇、语法和表达方式方面的错误。之后，学生将执行任务 2，它与任务 1 类似，但学生会根据一份不同的旅游套餐材料进行对话。

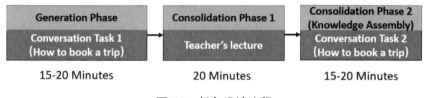

图 7.5 任务设计流程

话题： 预定邮轮旅行

任务说明：

1. 在"第二人生"中创建一个群组账户。

2. 学生分为二人小组并登录"第二人生"。

3. 登录后，需将以下链接粘贴到搜索栏中：http://maps.secondlife.com/ secondlife/Monash%20University%202/209/175/26

4. 完成以上步骤后，按输入按钮。随后你将进入"第二人生"里中国岛的一个旅行社。

5. 进入旅行社后选一张桌了坐下，然后按照任务 1 说明卡和相关旅游套餐材料，分配角色并进行英语对话。

任务 1： 选择并预定一个邮轮旅行（10 分钟）

For students who play the role as <u>a customer</u>:

Before the summer holiday, you visit a Chinese travel agency to book an overseas cruise trip. Please consult the agent about the available cruise trips and book one that suits your schedule and budget. The cruise trip brochure can be found below.

For students who play the role as <u>a travel agent</u>:

You are a travel agent working in a travel agency. Try to ask the customer which cruise trip they would like to book, including the departure place, destination, preferred ship and the length of the trip.

Once the initial conversation is finished, the student pair <u>change roles</u> and talk again.

巩固学习讲座 (20 分钟)

现在，请停下来听听老师对任务 1 所需知识点和常见错误的讲解，之后再继续两人一组完成任务 2。

任务 2： 预定下一次邮轮旅行（10 分钟）

按照任务 2 说明卡和相关旅行套餐手册，分配角色并进行对话。

For students who play the role as <u>a customer</u>:

You enjoyed this cruise trip and want to book another trip with your parents to a different destination during the winter holiday. Please consult the agent about the available cruise trips and book one that suits your schedule and budget.

For students who play the role as <u>a travel agent</u>:

Try to promote a different cruise trip to your customer and have them confirm the booking. Please note, there are more choices of cruise trips in the brochure.

Once the initial conversation is finished, <u>change each other's role</u> and practice again.

3）示例 3

示例 3 是根据 Grant & Huang（2010）研究中的任务设计改编的，但更侧重使用信息差作为沟通与合作的动力。

话题： 住宿

任务说明：

1. 学生登录"第二人生"，进入中国岛上的一幢公寓楼。

2. 学生分为 4 人一组。两个学生扮演大学生的角色，两个学生扮演房地产中介的角色。

3. 教师进入"第二人生"，通过"第二人生"中的记事卡向每个小组发送任务说明（见下文）。

4. 每组有 15 分钟的准备时间和 15 分钟的执行任务时间。

扮演大学生的任务说明：

1. You two want to lease a two-bedroom apartment with kitchen and bathroom.

2. It is preferable that the apartment has a security system and is close to a bus station and supermarket.

3. The budget is RMB 1,500 per month per person.

   The real estate agents will show you one apartment. You need to tell the real estate agents your preferences and discuss with each other whether this apartment meets your expectation. If not, ask the real estate agents for more options and prices. You are encouraged to negotiate with the agents for a better price.

扮演房地产中介的任务说明：

1. You need to introduce one apartment for leasing to two university students.

2. This is a two-bedroom apartment with two bathrooms, one kitchen and one sitting room.

3. The apartment owner sets the price at RMB 4,500 per month, but there is some space for negotiation.

4. It is close to a subway and a big shopping centre.

You and your colleague need to introduce this apartment to the two university students and convince them that this is the best option for them. There will be questions regarding the details of the apartment and the negotiation of price.

7.3.2 人工智能支持的语言学习

人工智能已经广泛应用于语言学习，包括分析和预测学生学习表现的智能系统、自动测评系统、人工自适应系统、个性化学习以及智能辅导系统（Pokrivčáková，2019；Zawacki-Richter et al.，2019）。除此以外，人工智能还被广泛应用到移动应用程序和人形机器人的设计中。通过大数据处理和机器学习算法（Kannan & Munday，2018；Pokrivčáková，2019），人工智能可以实现快速评估和即时反馈，这将有效减少时间成本，减轻学习者的挫折感和焦虑感。此外，人工智能可以通过构建学习者语料库预测学习者的未来表现（Godwin-Jones，2019）。

2007 年已出现有关人工智能应用于语言学习的实证研究（Yang & Kyun，2022）。然而文献综述发现，大多数实证研究都是通过各种实验来测试人工智能在语言学习中的有效性，而基于真实课堂环境中的研究则很少（Yang & Kyun，2022）。理论上来讲，智能代理（intelligent agent）的功能可以更好地支持合作学习（Rubens et al.，2012），但大多数实证研究都集中在个体学习者与智能代理之间的互动（Yang & Kyun，2022），只有少数研究涉及合作学习设计（如 Tegos et al.，2014）。例如，Tegos et al.（2014）研究了智能会话代理 MentorChat 在辅导俄语学习者开展对话方面的有效性。学生两人或三人一组，在会话代理的干预下进行合作讨论。研究结果表明，会话代理的干预有助于学生优化学习体验和合作讨论。比如，对于没有给出答案的学生，MentorChat 可以通过提示性问题来激发学生在小组讨论中交换意见。在另一项研究中，英语学习者先与名叫 Elisa 的聊天机器人就所设定的主题进行英语对话，然后参加了关于同一主题的在线小组讨论。虽然学生和聊天机器人之间的互动是一对一的，但研究结果表明，与聊天机器人的对话可能会引发组员对小组讨论参与度的增加，并提高学生的批判性思维（Goda et al.，2014）。因此，研究者呼吁设计更多利用人工智能支持的合作语言学习（Yang & Kyun，2022）。

人工智能应用于语言学习所面临的一个挑战在于技术的限制。目前在教育领域使用的人工智能程序仍然无法完全模拟和达到人类使用语言随机交流的程度（Weigand，2019）。例如，一些智能代理或聊天机器人无法识别不准确的发音或同时与多个说话者交流（Chew & Chua，2020）。所以学习者和人工智能之间的大多数互动还是对语言的非交际性使用，例如练习唱歌发音、词汇记忆或纠错（Yang & Kyun，2022）。而且从学习者的角度来看，与人工智能交流仍然有很多局限性，比如有些人觉得机器人的声音听着不舒服（Tegos et al.，2014）。还有学生反馈说，大多数聊天机器人的反应都是多余的、可预测的，缺乏个性（Shawar，2017）。

纵然有技术方面的局限性，人工智能的某些功能还是可以用来支持合作语言学习的，例如智能代理和智能自动写作测评。一个关键要素是在教学设计中加入一些有效的沟通场景（Godwin-Jones，2019）。在以下两个小节中，我们将论述有关智能代理 / 聊天机器人和智能自动写作测评的相关研究，并展示使用这些技术进行合作学习的示例任务。

7.3.2.1　智能代理 / 聊天机器人

智能代理 / 聊天机器人是基于自然语言处理（natural language processing，简称 NLP）的设计，用于与人类进行对话的人工智能（Svenningsson & Faraon，2019；Westerman et al.，2019），作为教学工具也被命名为智能辅导系统或教学代理（Smutny & Schreiberova，2020）。研究表明，智能代理在改善外语学习者的发音、口语和听力水平，增强沟通意愿以及减少焦虑等方面具有有效性（Yang & Kyun，2022；Yu & Nazir，2021）。它可以拥有不同的个性和面部表情，这可以减少学习者的紧张感并吸引他们参与语言学习。此外，它可以通过语音、文本、视觉等多媒介信息与外语学习者沟通对话（Tegos et al.，2014）。目前，国内英语学习者可以使用的智能代理越来越多，智能代理／聊天机器人已广泛用于支持 Microsoft Teams 等合作平台（Paikari & van der Hoek，2018）。但是在外语合作学习方面，相关实证研究还非常少（Huang et al.，2021）。我们提供的示例任务参考了 Tegos et al.（2014）的研究和 5.3.7 节中介绍的合作写作活动，使用聊天机器人网站中的聊天机器人帮助学生修改写作，并利用小组互动帮助学生完善写作中的想法。此合作学习的活动设计也适用于其他的智能代理／聊天机器人。

话题： 成功生活

任务说明：

1. 每组学生讨论并列出成功生活的 6—8 个标准，用完整的英语句子写下这些标准。

2. 登录聊天机器人网站，学生们轮流向聊天机器人朗读他们的句子。聊天机器人将纠正学生的发音、词汇和语法。一名学生在和聊天机器人对话时，另一名学生可以做笔记，然后根据聊天机器人的反馈修改句子。

3. 每组学生为列出的每个标准提供理由，解释为什么他们认为这是成功生活的标准。

4. 重复步骤 2 和 3。

5. 根据前面准备的草稿，每个学生单独写一篇关于成功生活的英语作文初稿，要包括三段：开头介绍、中间主体段落和一个总结段落（大约 300 词）。

6. 每组学生互相交换他们的写作草稿，并填写评价表，如下所示：

Partner's evaluation form

I read _____'s paper.

His/her topic is _____.

This draft has the following elements (give a mark out of 10 for each element):

An interesting, 'catchy' beginning ____/10

Good supporting details ____/10

A logical conclusion ____/10

The best thing about my partner's draft is _____.

If my partner wants to change something, I would suggest _____.

7. 将草稿与评价表返回给小组搭档，学生根据反馈修改写作。

7.3.2.2　人工智能支持的自动写作测评

自动写作测评（AWE）是第二语言写作研究中的重要研究领域。目前较常见的 AWE 系统包括 Criterion、MY Access、CyWrite、Pigai、iWrite 等。最近，人工智能以更高的反馈速度应用于 AWE 系统，Pigai 就是适用于中国外语学习者的一个代表，为中国的外语学习者提供基于语料库和云计算技术的 EFL 写作在线自动评分服务（Zhang，2017）。Pigai 系统的显著特征是：（1）检测中国学生的常见搭配错误；（2）为学生提供语言资源，例如语料库中表达 / 搭配的频率，如果某一表达没有从语料库中识别出来，Pigai 可能将其视为"中式英语"；（3）对学生较好的语言表达提供正面评论；（4）提供免费服务（Bai & Hu，2017；Zhang，2017）。在反馈类型方面，研究显示，AWE 反馈更关注机械性语言错误，例如拼写、标点符号、语法、句子和连贯性（Deane，2013；Zhang & Hyland，2018），但不能就写作风格、创造力、概念性想法提供反馈（Stevenson & Phakiti，2019）。使用自动写作测评可以分担教师部分工作量，以便教师留出更多的时间就学生的写作想法和组织结构给予反馈。

学习者对 AWE 反馈的回应与采纳，大多只停留在表面的纠错上（Bai & Hu，2017）。他们在收到 AWE 反馈（Warden，2000）后，花在修改上的时间非常有限（平均大约只有 6 分钟），或者在收到反馈后没有作任何修改（El Ebyary & Windeatt，2010；Jiang，2015）。部分原因在于一些学生只信任教师的反馈，而不是机器的反馈（Bikowski & Vithanage，2016）。研究人员认为，如果将 AWE 反馈与教师和同伴反馈相结合，将更有益于学生的写作学习（Lu，2019；Zhang，2017）。然而，大多数有关 AWE 的研究没有涵盖合作学习的相关设计（Lu，2019；Song，2019）。因此，研究人员呼吁将 AWE 与合作写作相结合（Bikowski & Vithanage，2016；Elola & Oskoz，2010；Kessler et al.，2012）。

下面的示例活动是根据相关研究中的合作写作活动设计的（Bikowski & Vithanage，2016；Elola & Oskoz，2010）（参考 5.3.7 节），并结合了另一个合作学习活动"涂鸦"（参考 5.3.1 节）来促进学习者的相互依靠和互动。

话题： 网红

任务： 分为两个部分：1. 进行话题相关的头脑风暴；2. 开展个人写作练习。

平台： Padlet、Pigai

步骤 1：（第 1 天）为学生开展 Padlet 和 Pigai 使用以及合作学习的培训。

步骤 2：（第 2—3 天）涂鸦

1. 将学生分成 4 人一组。每组在 Padlet 上创建一列"货架板"，包括 5 个方面。

    （1）列出你能想到的知名网红（有证据证明他们的影响力，如订阅者的数量）。

    （2）总结这些网红的共同特征。

    （3）列出他们成名的原因。

    （4）列举网红的积极影响与例子。

    （5）列举网红的消极影响与例子。

2. 每个小组集思广益，为每个主题添加信息，可以使用文本、图像或视频来丰富这些信息。

3. 阅读其他小组的"货架板"，为每个主题添加一条评论。

步骤 3：（第 4—6 天）根据记录的内容，每个学生起草一篇议论文（350—450 词），任选下面两个主题：

1. The positive influence of internet celebrities.

2. The negative influence of internet celebrities.

文章参考结构

1. Introduction (state your position on the topic).

2. Body (including three arguments, supported with evidence and examples) .

3. Conclusion.

步骤 4：每个学生都在 Pigai 平台上提交初稿。

步骤 5：合作写作过程

1. 每个学生都阅读 Pigai 平台的反馈，并与小组成员讨论修订计划。教师进一步解释 Pigai 提供的反馈。

2. 每个学生根据 Pigai 平台的反馈修改草稿。之后，他们与小组成员交换草稿并填写评价表。

Partner's evaluation form

I read _____'s paper.

His/her topic is _____.

This paper has the following elements (give a mark out of 10 for each element):

An interesting, 'catchy' beginning ____/10

Good supporting details ____/10

A logical conclusion ____/10

The best thing about my partner's paper is _____.

If my partner wants to change something, I would suggest _____.

---

3. 每个学生根据小组成员的评价表进一步修改草稿。

4. 每个学生将其第三稿提交到 Pigai 平台。

5. 收到 Pigai 平台的反馈后，学生再次修改。

6. 学生将最终稿提交给教师。

7.4　总结与反思

　　本章介绍了一系列可用于支持英语合作学习的技术和示例活动。某些技术类别之间存在重叠，例如，交互式在线思维导图平台和社交媒体也包含了人工智能的一些应用程序。由于网络技术是一个快速发展的领域，本章中介绍的技术也在随着新功能和应用的产生而不断更迭。可以说，使用技术支持合作学习的设计可以适用于不同的学习环境。需要注意的是，教师在将每项新技术纳入教学设计时，需要考虑其功能和限制。

反思问题

1. 彼此分享您们在教学中使用了哪些技术。

2. 您是如何利用它们来支持合作学习的?

3. 分组合作:请您基于本章列出的技术类别,添加其他相关技术或应用程序,集思广益,讨论如何将其应用于英语合作学习活动。

参考文献

Activities by Jill. (2018). Speed dating activity for the secondary classroom. Interactive Ideas & Inspiration.

Aghajani, M. & Adloo, M. (2018). The effect of online cooperative learning on students' writing skills and attitudes through telegram application. *International Journal of Instruction*, 11(3), 433-448.

Ahangari, S., Rassekh-Alqol, B. & Hamed, L. A. A. (2013). The effect of peer assessment on oral presentation in an EFL context. *International Journal of Applied Linguistics and English Literature*, 2(3), 45-53.

Ahmadian, M., Amerian, M. & Lavasani, E. (2015). The effect of the dicto-gloss as a cooperative learning technique on EFL learners' self-efficacy in writing. *Journal of Language Teaching and Research*, 6(6), 1357-1364.

Akdemir, E. & Arslan, A. (2012). From past to present: Trend analysis of cooperative learning studies. *Procedia – Social and Behavioral Sciences*, 55, 212-217.

Allport, G. W. (1954). *The Nature of Prejudice*. Boston: Addison-Wesley.

Al-Samarraie, H. & Saeed, N. (2018). A systematic review of cloud computing tools for collaborative learning: Opportunities and challenges to the blended-learning environment. *Computers & Education*, 124, 77-91.

Alshammari, M. O. (2016). The role of peer- and self-assessment in developing Saudi EFL learners' English writing skills. *International Journal of Education*, 8(3), 85-97.

Al-Tamimi, N. O. M. & Attamimi, R. A. (2014). Effectiveness of cooperative learning in enhancing speaking skills and attitudes towards learning English. *International Journal of Linguistics*, 6(4), 27-45.

Armstrong, P. (2010). Bloom's taxonomy. Vanderbilt University Center for Teaching.

Armstrong, T. (2009). *Multiple Intelligences in the Classroom* (3rd ed.). Alexandria: Association for Supervision & Curriculum Development.

Aronson, E. (n.d.). Jigsaw classroom: Overview of the technique.

Aronson, E., Blaney, N., Stephan, C., Sikes, J. & Snapp, M. (1978). *The Jigsaw Classroom*. Beverley Hills: Sage.

Arsanjani, M. & Faghih, E. (2015). The impact of the WebQuest instruction system on Iranian intermediate EFL learners' writing performance and perception. *International Journal of Instructional Technology and Distance Learning*, 12(2), 37-47.

Arulchelvan, P., Veramuthu, P., Singh, P. K. P. & Yunus, M. M. (2019). iGen digital learners: Let's collaborate via Coggle. *Creative Education*, 10(1), 178-189.

Asakawa, M., Kanamaru, A., Plaza, T. & Shiramizu, C. (2016). Useful expressions for implementing cooperative learning in English. *TESL-EJ*, 19(4), 1-16.

Awada, G. & Gutiérrez-Colón, M. (2019). Effect of cooperative learning instruction and blogs on apprehension of intercultural communication. *Journal of Educational Technology Systems*, 48(1), 72-96.

Awada, G., Burston, J. & Ghannage, R. (2020). Effect of student team achievement division through WebQuest on EFL students' argumentative writing skills and their instructors' perceptions. *Computer Assisted Language Learning*, 33(3), 275-300.

Azarnoosh, M. (2013). Peer assessment in an EFL context: Attitudes and friendship bias. *Language Testing in Asia*, 3(1), 1-10.

Bai, L. & Hu, G. (2017). In the face of fallible AWE feedback: How do students respond? *Educational Psychology*, 37(1), 67-81.

Baleghizadeh, S. & Masoun, A. (2014). The effect of self-assessment on EFL learners' self-efficacy. *TESL Canada Journal*, 31(1), 42-58.

Baloche, L. & Brody, C. M. (2017). Cooperative learning: Exploring challenges, crafting innovations. *Journal of Education for Teaching*, 43(3), 274-283.

Bandura, A. (1965). Influence of models' reinforcement contingencies on the acquisition of imitative responses. *Journal of Personality and Social Psychology*, 1(6), 589-595.

Bárcena, E. & Martín-Monje, E. (2014). Introduction. Language MOOCs: An emerging field. In E. Martín-Monje & E. Bárcena (Eds.), *Language MOOCs.* (pp. 1-15). Warsaw: De Gruyter Open Poland.

Barkley, E. F., Cross, K. P. & Major, C. H. (2014). *Collaborative Learning Techniques: A Handbook for College Faculty.* Hoboken: John Wiley & Sons.

BBC (n.d.). Webquests. British Council.

Benegas, M. (2019). Teacher proof: The intersection of scripted curriculum and culturally relevant pedagogy for English learners. *Journal of Culture and Values in Education*, 2(3), 79-93.

Bennett, B. (2016). Assessment and cooperative learning: The missing think. In S. Scott, D. E, Scott & C. F. Webber (Eds.), *Leadership of Assessment, Inclusion, and Learning* (pp. 45-85). Calgary: Springer.

Bennett, M. (2016). Cooperative learning in the K-12 classroom. The Knowledge Network for Innovations in Learning and Teaching.

Bidarra, J. & Cardoso, V. (2007). The emergence of the exciting new Web 3.0 and the future of open educational resources. In *Proceedings of the EADTU's 20th Anniversary Conference.* European Association of Distance Teaching Universities (EADTU).

Biggs, J. (1999). What the student does: Teaching for enhanced learning. *Higher Education Research & Development*, 18(1), 57-75.

Bikowski, D. & Vithanage, R. (2016). Effects of web-based collaborative writing on individual L2 writing development. *Language Learning & Technology*, 20(1), 79-99.

Birjandi, P. & Tamjid, N. H. (2012). The role of self-, peer and teacher assessment in promoting Iranian EFL learners' writing performance. *Assessment & Evaluation in Higher Education*, 37(5), 513-533.

Bolam, R. et al. (2005). Creating and sustaining effective professional learning communities. DfES Research Report RR637.

Boud, D. & Falchikov, N. (2007). Developing assessment for informing judgement.

In D. Boud & N. Falchikov (Eds.), *Rethinking Assessment in Higher Education* (pp. 191-207). London: Routledge.

Breslow, L., Pritchard, D. E., DeBoer, J., Stump, G. S., Ho, A. D. & Seaton, D. T. (2013). Studying learning in the worldwide classroom research into edX's first MOOC. *Research & Practice in Assessment*, 8, 13-25.

Bronfenbrenner, U. (2005). *Making Human Beings Human: Bioecological Perspectives on Human Development*. Thousand Oaks: Sage.

Bruffee, K. A. (1995). Sharing our toys: Cooperative learning versus collaborative learning. *Change: The Magazine of Higher Learning*, 27(1), 12-18.

Buchs, C., Filippou, D., Pulfrey, C. & Volpé, Y. (2017). Challenges for cooperative learning implementation: Reports from elementary school teachers. *Journal of Education for Teaching*, 43(3), 296-306.

Buchs, C., Gilles, I., Dutrévis, M. & Butera, F. (2011). Pressure to cooperate: Is positive reward interdependence really needed in cooperative learning? *British Journal of Education Psychology*, 81, 135-146.

Canto, S. & Ondarra, K. J. (2017). Language learning effects through the integration of synchronous online communication: The case of video communication and Second Life. *Language Teaching in Higher Education*, 7(1), 21-53.

Caruso, V., Mørch, A. I., Thomassen, I., Hartley, M. & Ludlow, B. (2014). Practicing collaboration skills through role-play activities in a 3D virtual world. In R. Huang, kinshuk & N. S. Chen (Eds.), *The New Development of Technology Enhanced Learning* (pp. 165-184). Heidelberg: Springer.

Cavanagh, M. (2011). Students' experiences of active engagement through cooperative learning activities in lectures. *Active Learning in Higher Education*, 12(1), 23-33.

Cavic, M., Skuban, S., Stojanovic, M., Bogdanovic, I. & Beljin, M. (2019). Effect of cooperative learning on the development of metacognition. In *AIP Conference Proceedings* (Vol. 2075, No. 1, p. 180014). New York: AIP Publishing.

Cecchini, J. A., Carriedo, A., Méndez-Giménez, A. & Fernández-Río, J. (2021). Highly-structured cooperative learning versus individual learning in times of COVID-19 distance learning. DOI: 10.1080/02619768.2021.1991305

Chen, I. J. & Chang, C. C. (2011). Content presentation modes in mobile language listening tasks: English proficiency as a moderator. *Computer Assisted Language Learning*, 24(5), 451-470.

Chen, J. & Wang, Y. (2013). A study of cooperative learning in higher college English teaching. *Theory and Practice in Language Studies*, 3(7), 1258-1263.

Chen, Q. & Liu, Y. (2017). The impact of cooperative learning on CHC students' achievements and its changes over the past decade. *International Journal of Higher Education*, 6(2), 75-88.

Chen, R. (2021). A review of cooperative learning in EFL Classroom. *Asian Pendidikan*, 1(1), 1-9.

Cheng, L. & Curtis, A. (2010). The realities of English language assessment and the Chinese learner in China and beyond. In L. Cheng & A. Curtis (Eds.), *English Language Assessment and The Chinese Learner* (pp. 3-12). New York: Routledge.

Chew, E. & Chua, X. N. (2020). Robotic Chinese language tutor: Personalising progress assessment and feedback or taking over your job? *On the Horizon*, 28(3), 113-124.

Chong, S. W. (2021). Reconsidering student feedback literacy from an ecological perspective. *Assessment & Evaluation in Higher Education*, 46(1), 92 104.

Chong, S. W., Isaacs, T. & McKinley, J. (2023). Ecological systems theory and second language research. *Language Teaching*, 56(3), 333-348.

Clarke, A. & Collins, S. (2007). Complexity science and student teacher supervision. *Teaching and Teacher Education*, 23(2), 160-172.

Clarke, J. (2013). Pieces of the puzzle: The jigsaw method. In S. Sharan (Ed.), *Handbook of Cooperative Learning Methods* (pp. 34-50). Westport: Greenwood Press.

Coetzee, D., Lim, S., Fox, A., Hartmann, B. & Hearst, M. A. (2015). Structuring interactions for large-scale synchronous peer learning. In *Proceedings of the 18th ACM Conference on Computer Supported Cooperative Work & Social Computing* (pp.1139-1152). Association for Computing Machinery.

Cohen, E. G. (1994). *Designing Groupwork: Strategies for the Heterogeneous Classroom*. New York: Teachers College Press.

Cohen, E. G., Brody, C. M. & Sapon-Shevin, M. (Eds.). (2004). *Teaching Cooperative Learning: The Challenge for Teacher Education*. New York: Suny Press.

Çolak, E. (2015). The effect of cooperative learning on the learning approaches of students with different learning styles. *Eurasian Journal of Educational Research*, 15(59), 17-34.

Commins, S. & Linscott, R. N. (Eds.). (1947). *Man and Man: The Social Philosophers*. Washington: Washington Square Press.

Cottell, P. G. & Millis, B. (1992). Cooperative learning in accounting. *Journal of Accounting Education*, 10(1), 95-111.

Craik, F. I. & Lockhart, R. S. (1972). Levels of processing: A framework for memory research. *Journal of Verbal Learning and Verbal Behavior*, 11(6), 671-684.

Creighton, S. & Szymkowiak, A. (2014). The effects of cooperative and competitive games on classroom interaction frequencies. *Journal of Social and Behavioral Sciences*, 140, 155-163.

Cuseo, J. (1992). Cooperative learning vs. small-group discussions and group projects: The critical differences. *Cooperative Learning and College Teaching,* 2(3), 5-10.

Damon, W. (1984). Peer education: The untapped potential. *Journal of Applied Developmental Psychology*, 5(4), 331-343.

Daneshfar, S. & Moharami, M. (2018). Dynamic assessment in Vygotsky's sociocultural theory: Origins and main concepts. *Journal of Language Teaching and Research*, 9(3), 600-607.

Dansereau, D. F. (1988). Cooperative learning strategies. In C. E. Weinstein, E. T. Goetz & P. A. Alexander (Eds.), *Learning and Study Strategies: Issues in Assessment, Instruction, and Evaluation* (pp. 103-120). SanDiego: Academic Press.

Darling-Hammond, L. & Snyder, J. (2000). Authentic assessment of teaching in context. *Teaching and Teacher Education*, 16(5-6), 523-545.

Davidson, N. & Major, C. H. (2014). Boundary crossings: Cooperative learning, collaborative learning, and problem-based learning. *Journal on Excellence in College Teaching*, 25(3-4), 7-55.

Davies, W. M. (2009). Groupwork as a form of assessment: Common problems and recommended solutions. *Higher Education*, 58(4), 563-584.

Davoudi, A. H. M. & Mahinpo, B. (2012). Kagan cooperative learning model: The bridge to foreign language learning in the third millennium. *Theory and Practice in Language Studies*, 2(6), 1134-1140.

de Bono, E. (1992). *Serious Creativity*. New York: Harper Business.

Deane, P. (2013). On the relation between automated essay scoring and modern views of the writing construct. *Assessing Writing*, 18(1), 7-24.

Ding, Y. & Shen, H. (2020). English language MOOCs in China: Learners' perspective. *The EuroCALL Review*, 28(2), 13-22.

Dizon, G. (2016). A comparative study of Facebook vs. paper-and-pencil writing to improve L2 writing skills. *Computer Assisted Language Learning*, 29(8), 1249-1258.

Dörnyei, Z. (1997). Psychological processes in cooperative language learning: Group dynamics and motivation. *The Modern Language Journal*, 81(4), 482-493.

Dzemidzic Kristiansen, S., Burner, T. & Johnsen, B. H. (2019). Face-to-face promotive interaction leading to successful cooperative learning: A review study. *Cogent Education*, 6(1), 1674067.

Ebadi, S. & Rahimi, M. (2018). An exploration into the impact of WebQuest-based classroom on EFL learners' critical thinking and academic writing skills: A mixed-methods study. *Computer Assisted Language Learning*, 31(5-6), 617-651.

Eekelen, I. M., Van Boshuizen, H. P. A. & Vermunt, J. D. (2005). Self-regulation in higher education teacher learning. *Higher Education*, 50(3), 447-471.

Ehsan, N., Vida, S. & Mehdi, N. (2019). The impact of cooperative learning on developing speaking ability and motivation toward learning English. *Journal of Language and Education*, 5(3), 83-101.

El Ebyary, K. & Windeatt, S. (2010). The impact of computer-based feedback on students' written work. *International Journal of English Studies*, 10(2), 121-142.

El-Anzi, F. O. (2005). Academic achievement and its relationship with anxiety, self-esteem, optimism, and pessimism in Kuwaiti students. *Social Behavior and Personality: An International Journal*, 33(1), 95-104.

Elola, I. & Oskoz, A. (2010). Collaborative writing: Fostering foreign language and writing conventions development. *Language Learning & Technology*, 14(3), 51-71.

Engel, M., Pulley, R. & Rybinski, A. (2003). Authentic assessment: It really works. (ED479959). ERIC. https://files.eric.ed.gov/fulltext/ED479959.pdf

Enthoven, M. & de Bruijn, E. (2010). Beyond locality: The creation of public practice-based knowledge through practitioner research in professional learning communities and communities of practice. A review of three books on practitioner research and professional communities. *Educational Action Research*, 18(2), 289-298.

Entwistle, N. & Waterston, S. (1988). Approaches to studying and levels of processing in university students. *British Journal of Educational Psychology*, 58(3), 258-265.

Er, S. & Aksu Ataç, B. (2014). Cooperative learning in ELT classes: The attitudes of students towards cooperative learning in ELT classes. *International Online Journal of Education and Teaching (IOJET)*, 2(1), 109-122.

Eslactive. (2018). Speed dating.

Felder, R. M. & Brent, R. (1994). Cooperative learning in technical courses: Procedures, pitfalls, and payoffs.

Felder, R. M. & Brent, R. (2007). Cooperative learning. In P. A. Mabrouk (Ed.), *Active Learning: Models from the Analytical Sciences* (pp. 34-53). Washington: American Chemical Society.

Fuchs, B. (2014). The writing is on the wall: Using Padlet for whole-class engagement. *Loex Quarterly*, 40(4), 7-9.

Gagné, N. & Parks, S. (2013). Cooperative learning tasks in a Grade 6 intensive ESL class: Role of scaffolding. *Language Teaching Research*, 17(2), 188-209.

Gagné, N. & Parks, S. (2016). Cooperative learning tasks in a Grade 6 intensive English as a second language class: Turn-taking and degree of participation. *Language Learning Journal*, 44(2), 169-180.

Galton, M., Hargreaves, L. & Pell, T. (2009). Group work and whole-class teaching with 11- to 14-year-olds compared. *Cambridge Journal of Education*, 39(1), 119-140.

Gardner, H. (1983). *Frames of Mind: The Theory of Multiple Intelligences*. New York: Basic Books.

Genç, M. (2016). An evaluation of the cooperative learning process by sixth-grade students. *Research in Education*, 95(1), 19-32.

Gerstein, J. (2014). Moving from education 1.0 through education 2.0 towards education 3.0. In L. M. Blaschke, C. Kenyon & S. Hase (Eds.), *Experiences in Self-determined Learning* (pp. 83-98). Scotts Valley: CreateSpace Independent Publishing Platform.

Gibbons, P. (2009). *English Learners, Academic Literacy, and Thinking: Learning in the Challenge Zone*. Portsmouth: Heinemann.

Gibbons, P. (2015). *Scaffolding Language Scaffolding Learning: Teaching English Language Learners in the Mainstream Classroom* (2nd ed.). Portsmouth: Heinemann.

Gibbs, J. (1987). *Tribes, A Process for Social Development and Cooperative Learning*. Santa Rosa: Center Source Publications.

Gillies, R. M. (2003). Structuring co-operative learning experiences in primary school. In A. Ashman & R. M. Gillies (Eds.), *Cooperative Learning* (pp. 36-53). New York: Routledge.

Gillies, R. M. (2007). *Cooperative Learning: Integrating Theory and Practice*. New York: Sage.

Gillies, R. M. (2008). The effects of cooperative learning on junior high school students' behaviours, discourse and learning during a science-based learning activity. *School Psychology International*, 29(3), 328-347.

Gillies, R. M. (2016). Cooperative learning: Review of research and practice. *Australian Journal of Teacher Education (Online)*, 41(3), 39-54.

Gillies, R. M. & Boyle, M. (2010). Teachers' reflections on cooperative learning: Issues of implementation. *Teaching and Teacher Education*, 26(4), 933-940.

Gillies, R. M. & Boyle, M. (2011). Teachers' reflections of cooperative learning (CL): A two-year follow-up. *Teaching Education*, 22(1), 63-78.

Gillies, R. M., Ashman, A. & Terwel, J. (2008). Concluding remarks. In R. M. Gillies, A. Ashman & J. Terwel (Eds.), *The Teacher's Role in Implementing Cooperative Learning in the Classroom* (pp. 263-266). New York: Springer.

Glasser, W. (1990). *The Quality School*. New York: Harper & Row.

Gnadinger, C. M. (2008). Peer-mediated instruction: Assisted performance in the primary classroom. *Teachers and Teaching: Theory and Practice*, 14(2), 129-142.

Goda, Y., Yamada, M., Matsukawa, H., Hata, K. & Yasunami, S. (2014). Conversation with a chatbot before an online EFL group discussion and the effects on critical thinking. *The Journal of Information and Systems in Education*, 13(1), 1-7.

Godwin-Jones, R. (2019). In a world of SMART technology, why learn another language? *Educational Technology & Society*, 22(2), 4-13.

Godwin-Jones, R. (2021). Evolving technologies for language learning. *Language Learning & Technology*, 25(3), 6-26.

Gong, X. & Liu, L. (2018). A comparative study on cooperative learning in multimedia and network environment used by English majors between China's mainland and Taiwan. *Advances in Language and Literary Studies*, 9(1), 127-135.

Goodwin, M. W. (1999). Cooperative learning and social skills: What skills to teach and how to teach them. *Intervention in School and Clinic*, 35(1), 29-33.

Goto Butler, Y. & Lee, J. (2010). The effects of self-assessment among young learners of English. *Language Testing*, 27(1), 5-31.

Grant, S. & Huang, H. (2010). The integration of an online 3D virtual learning environment into formal classroom-based undergraduate Chinese language and culture curriculum. *Journal of Technology and Chinese Language Teaching*, 1(1), 2-13.

Graves, A. W., Plasencia-Peinado, J., Deno, S. L. & Johnson, J. R. (2005). Formatively evaluating the reading progress of first-grade English learners in multiple-language classrooms. *Remedial and Special Education*, 26(4), 215-225.

Graves, D. H. (1983). *Writing: Teachers and Children at Work*. Portsmouth: Heinemann Educational Books.

Gusenbauer, M. & Haddaway, N. R. (2020). Which academic search systems are suitable for systematic reviews or meta-analyses? Evaluating retrieval qualities of Google Scholar, PubMed, and 26 other resources. *Research Synthesis Methods*, 11(2), 181-217.

Halstead, J. M. & Zhu, C. (2009). Autonomy as an element in Chinese educational reform: A case study of English lessons in a senior high school in Beijing. *Asia Pacific Journal of Education*, 29(4), 443-456.

Han, H. (2014). Transforming EFL classes from lecturing to cooperative learning. *Journal of Language Teaching and Research*, 5(4), 948-952.

Han, M. & Yang, X. (2001). Educational assessment in China: Lessons from history and future prospects. *Assessment in Education: Principles, Policy & Practice*, 8(1), 5-10.

Han, Yanhui. (2019). Reflections on the MOOCs construction in China and applicability of MOOCs in foreign language courses. *Technology Enhanced Foreign Languages*, 189, 34-38.

Han, Ye. (2019). Written corrective feedback from an ecological perspective: The interaction between the context and individual learners. *System*, 80, 288-303.

Harvey, V. S. (2007). Raising resiliency schoolwide. *Education Digest: Essential Readings Condensed for Quick Review*, 72(7), 33-39.

Hattie, J. & Gan, M. (2011). Instruction based on feedback. In R. E. Mayer & P. A. Alexander (Eds.), *Handbook of Research on Learning and Instruction* (pp. 263-285). New York: Routledge.

Heacox, D. (2002). *Differentiating Instruction in the Regular Classroom*. Minneapolis: Free Spirit Publishing.

Henderson, M., Huang, H., Grant, S. & Henderson, L. (2012). The impact of Chinese language lessons in a virtual world on university students' self-efficacy beliefs. *Australasian Journal of Educational Technology*, 28(3), 400-419.

Herrmann, K. (2013). The impact of cooperative learning on student engagement: Results from intervention. *Active Learning in Higher Education*, 14(3), 175-187.

Hofstadler, N., Babic, S., Lämmerer, A., Mercer, S. & Oberdorfer, P. (2021). The ecology of CLIL teachers in Austria–an ecological perspective on CLIL teachers' wellbeing. *Innovation in Language Learning and Teaching*, 15(3), 218-232.

Hofstede, G. H. & Hofstede, G. J. (2005). *Cultures and Organizations: Software of the Mind* (2nd ed.). New York: McGraw-Hill.

Huang, H. (2020). Study on the impact of team process on college students' group cooperative learning effectiveness. *Advances in Education*, 10(2), 179-185.

Huang, W., Hew, K. F. & Fryer, L. K. (2021). Chatbots for language learning – Are they really useful? A systematic review of chatbot-supported language learning. *Journal of Computer Assisted Learning*, 38(1), 237-257.

Huang, Y. M., Liao, Y. W., Huang, S. H. & Chen, H. C. (2014). Jigsaw-based cooperative learning approach to improve learning outcomes for mobile situated learning. *Journal of Educational Technology & Society*, 17(1), 128-140.

Hutchins, E. (n.d.). Guess the story. Assignments Bank.

Hythecker, V. I., Dansereau, D. F. & Rocklin, T. R. (1988). An analysis of the processes influencing the structured dyadic learning environment. *Educational Psychologist*, 23(1), 23-37.

Ifeoma, O. E., Ngozi, O. V. & Nkem, E. D. (2015). Insights on application of Johnson and Johnson's five elements of cooperative learning to health education curriculum delivery. *International Journal of Innovative Research and Development*, 4(8), 356-361.

Ifinedo, P. (2017). Students' perceived impact of learning and satisfaction with blogs. *The International Journal of Information and Learning Technology*, 34(4), 322-337.

Ilic, P. (2015). The effects of mobile collaborative activities in a second language course. *International Journal of Mobile and Blended Learning (IJMBL)*, 7(4), 16-37.

Jacobs, G. M. & Renandya, W. A. (2019). *Student Centered Cooperative Learning: Linking Concepts in Education to Promote Student Learning*. Singapore: Springer.

Jensen, L. & Konradsen, F. (2018). A review of the use of virtual reality headmounted displays in education and training. *Education and Information Technologies*, 23, 1515-1529.

Jia, C. & Hew, K. F. T. (2019). Supporting lower-level processes in EFL listening: The effect on learners' listening proficiency of a dictation program supported by a mobile instant messaging app. *Computer Assisted Language Learning*, 35(1-2), 141-168.

Jiang, D. (2016). An empirical study on alleviating career english writing anxiety through cooperative learning in a Chinese polytechnic institute. *International Journal of Higher Education*, 5(1), 173-182.

Jiang, Y. (2015). An automated essay-evaluation corpus of English as a foreign language writing. *British Journal of Educational Technology*, 46(5), 1109-1117.

Jin, L. (2018). Digital affordances on WeChat: Learning Chinese as a second language. *Computer Assisted Language Learning*, 31(1-2), 27-52.

Jo, M. Y. & Park, J. W. (2021). A study on the effect of a cooperative learning program using a social network service in education during the COVID-19 pandemic. *Asia-Pacific Journal of Convergent Research Interchange*, 7(6), 47-62.

Johnson, D. W. & Johnson, R. T. (1975). *Learning Together and Alone*. Englewood Cliffs: Prentice-Hall.

Johnson, D. W. & Johnson, R. T. (1989). *Cooperation and Competition: Theory and Research*. Edina: Interaction Book Company.

Johnson, D. W. & Johnson, R. T. (1995). Cooperative learning and individual student achievement in secondary schools. In J. E. Pedersen & A. D. Digby (Eds.), *Secondary Schools and Cooperative Learning* (pp. 3-54). Garland: Routledge.

Johnson, D. W. & Johnson, R. T. (1996). Conflict resolution and peer mediation programs in elementary and secondary schools: A review of the research. *Review of Educational Research*, 66(4), 459-506.

Johnson, D. W. & Johnson, R. T. (1999). *Learning Together and Alone* (5th ed.). Boston: Allyn & Bacon.

Johnson, D. W. & Johnson, R. T. (2001). Teaching students to be peacemakers: A meta-analysis. *Journal of Reseach in Education*, 12(1), 1-39.

Johnson, D. W. & Johnson, R. T. (2002). Learning together and alone: Overview and meta-analysis. *Asia Pacific Journal of Education*, 22(1), 95-105.

Johnson, D. W. & Johnson, R. T. (2009). An educational psychology success story: Social interdependence theory and cooperative learning. *Educational Researcher*, 38(5), 365-379.

Johnson, D. W. & Johnson, R. T. (2013). The impact of cooperative, competitive, and individualistic learning environments. In J. Hattie & E. M. Anderman (Eds.), *International Guide to Student Achievement* (pp. 372-374). New York: Routledge.

Johnson, D. W. & Johnson, R. T. (2014). Using technology to revolutionize cooperative learning: an opinion. *Frontiers in Psychology*, 5, 1156.

Johnson, D. W., Johnson, R. T. & Holubec, E. J. (1993). *The New Circles of Learning: Cooperation in the Classroom and School.* Alexandria: Association for Supervision and Curriculum Development.

Johnson, D. W., Johnson, R. T. & Holubec, E. J. (2013). *Cooperation in the Classroom* (9th ed.). Edina: Interaction Book Company.

Johnson, D. W., Johnson, R. T. & Smith, K. A. (1991). *Active Learning: Cooperation in the College Classroom.* Edina: Interaction Book Company.

Johnson, D. W., Johnson, R. T. & Smith, K. A. (1998). Cooperative learning returns to college: What evidence is there that it works? *Change: The Magazine of Higher Learning*, 30(4), 26-35.

Johnson, D. W., Johnson, R. T., Roseth, C. & Shin, T. S. (2014). The relationship between motivation and achievement in interdependent situations. *Journal of Applied Social Psychology*, 44(9), 622-633.

Johnson, R. T. & Johnson, D. W. (1994). An overview of cooperative learning. In J. Thousand, A. Villa & A. Nevin (Eds.), *Creativity and Collaborative Learning* (pp. 1-21). Baltimore: Brookes Press.

Jolliffe, W. (2007). *Cooperative Learning in the Classroom: Putting it into Practice.* London: Sage.

Jung, M. (2016). Peer/teacher-assessment using criteria in the EFL classroom for developing students' L2 writing. *Journal of Pan-Pacific Association of Applied Linguistics*, 20(1), 1-20.

Kagan, S. (1990). *Cooperative Learning Resources for Teachers.* Oakland: University of California.

Kagan, S. (1994). *Cooperative Learning.* San Juan Capistrano: Kagan Cooperative Learning.

Kagan, S. & Kagan, M. (2009). *Kagan Cooperative Learning* (1st ed.). San Clemente: Kagan Publishing.

Kannan, J. & Munday, P. (2018). New trends in second language learning and teaching through the lens of ICT, networked learning, and artificial intelligence. *Círculo de Lingüística Aplicada a la Comunicación*, 76, 13-30.

Kelchtermans, G. (2009). Who I am in how I teach is the message: Self-understanding, vulnerability and reflection. *Teachers and Teaching: Theory and Practice*, 15(2), 257-272.

Kember, D. & Kwan, K. P. (2000). Lecturers' approaches to teaching and their relationship to conceptions of good teaching. *Instructional Science*, 28(5), 469-490.

Kessler, G. (2009). Student-initiated attention to form in wiki-based collaborative writing. *Language Learning & Technology*, 13(1), 79-95.

Kessler, G., Bikowski, D. & Boggs, J. (2012). Collaborative writing among second language learners in academic web-based projects. *Language Learning & Technology*, 16(1), 91-109.

Killen, R. (2006). *Effective Teaching Strategies: Lessons from Research and Practice*. Melbourne: Cengage Learning Australia.

Klecker, B. M. (2002, October). Formative classroom assessment using cooperative groups: Vygotsky and random assignment. Annual Meeting of the Midwest Association of Teachers of Educational Psychology, Oxford, OH.

Koffeman, A. & Snoek, M. (2019). Identifying context factors as a source for teacher professional learning. *Professional Development in Education*, 45(3), 456-471.

Koh, E., Hong, H. & Tan, J. P. L. (2018). Formatively assessing teamwork in technology-enabled twenty-first century classrooms: Exploratory findings of a teamwork awareness programme in Singapore. *Asia Pacific Journal of Education*, 38(1), 129-144.

Kremer, J. & McGuinness, C. (1998). Cutting the cord: Student-led discussion groups in higher education. *Education + Training*, 40(2), 44-49.

Kronenberg, F. A. (2012). Selection criteria for commercial off-the-shelf (COTS) video games from language learning. *IALLT Journal of Language Learning*

Technology, 42(2), 52-78.

Kuo, Y. C., Belland, B. & Kuo, Y. T. (2017). Learning through blogging: Students' perspectives in collaborative blog-enhanced learning communities. *Journal of Educational Technology & Society*, 20(2), 37-50.

Kuo, Y. C., Chu, H. C. & Huang, C. H. (2015). A learning style-based grouping collaborative learning approach to improve EFL students' performance in English courses. *Journal of Educational Technology & Society*, 18(2), 284-298.

Kutnick, P. & Berdondini, L. (2009). Can the enhancement of group working in classrooms provide a basis for effective communication in support of school-based cognitive achievement in classrooms of young learners? *Cambridge Journal of Education*, 39(1), 71-94.

Kyndt, E., Raes, E., Lismont, B., Timmers, F., Cascallar, E. & Dochy, F. (2013). A meta-analysis of the effects of face-to-face cooperative learning: Do recent studies falsify or verify earlier findings? *Educational Research Review*, 10, 133-149.

Lantolf, J. P. & Poehner, M. E. (2004). Dynamic assessment of L2 development: Bringing the past into the future. *Journal of Applied Linguistics and Professional Practice*, 1(1), 49-72.

Lee, C., Ng, M. & Jacobs, G. M. (1998). Cooperative learning in the thinking classroom: Current research. *Educational Practice and Theory*, 20(1), 59-73.

Lee, M. (2009). How can 3d virtual worlds be used to support collaborative learning? An analysis of cases from the literature. *Journal of E-Learning and Knowledge Society*, 5(1), 149-158.

Lei, Q. & Liu, H. (2020). Design of a WeChat mobile learning platform for multi-modal language learning and its application. In *Journal of Physics: Conference Series* (Vol. 1616, No. 1, p. 012085). IOP Publishing.

Li, M. (2018). Computer-mediated collaborative writing in L2 contexts: An analysis of empirical research. *Computer Assisted Language Learning*, 31(8), 882-904.

Li, M. & Kim, D. (2016). One wiki, two groups: Dynamic interactions across ESL collaborative writing tasks. *Journal of Second Language Writing*, 31, 25-42.

Li, M. & Zhu, W. (2013). Patterns of computer-mediated interaction in small writing groups using wikis. *Computer Assisted Language Learning*, 26(1), 61-82.

Li, R. (2012). The influence of computer applied learning environment on EFL or ESL education. *Theory and Practice in Language Studies*, 2(1), 187-191.

Lin, C.-J. (2019). An online peer assessment approach to supporting mind-mapping flipped learning activities for college English writing courses. *Journal of Computers in Education*, 6(3), 385-415.

Lin, H. & Faste, H. (2011). Digital mind mapping: Innovations for real-time collaborative thinking. In *CHI'11 Extended Abstracts on Human Factors in Computing Systems* (pp. 2137-2142).

Liu, X. & Li, L. (2014). Assessment training effects on student assessment skills and task performance in a technology-facilitated peer assessment. *Assessment & Evaluation in Higher Education*, 39(3), 275-292.

Lochmann, G., Reitz, L., Hunz, J., Sohny, A. & Schmidt, G. (2015). Haunted: Intercultural communication training via information gaps in a cooperative virtual reality. In *European Conference on Games Based Learning* (pp. 303-314). Reading: Academic Conferences International.

Loh, R. C. Y. & Ang, C. S. (2020). Unravelling cooperative learning in higher education: A review of research. *Research in Social Sciences and Technology*, 5(2), 22-39.

Lou, Y., Abrami, P. C. & d'Apollonia, S. (2001). Small group and individual learning with technology: A meta-analysis. *Review of Educational Research*, 71(3), 449-521.

Lu, X. (2019). An empirical study on the artificial intelligence writing evaluation system in China CET. *Big Data*, 7(2), 121-129.

Luo, W. & Yeung, A. S. (2016). Self-construal, incremental beliefs of ability, and learning preferences of Singapore students. In R. B. King & A. B. I. Bernardo (Eds), *The Psychology of Asian Learners* (pp. 593-606). Singapore: Springer.

Mancini, B. M., Hall, R. H., Hall, M. A. & Stewart, B. (1998). The individual in the dyad: A qualitative analysis of scripted cooperative learning. *Journal of Classroom Interaction*, 33(1), 14-22.

Maratou, V., Chatzidaki, E. & Xenos, M. (2016). Enhance learning on software project management through a role-play game in a virtual world. *Interactive Learning Environments*, 24(4), 897-915.

Marlowe, B. A. & Page, M. L. (2005). *Creating and Sustaining the Constructivist Classroom* (2nd ed.). Thousand Oaks: Corwin Press.

Marsland, B. (1998). *Lessons from Nothing: Activities for Language Teaching with Limited Time and Resources*. Cambridge: Cambridge University Press.

Matthews, R. S., Cooper, J. L., Davidson, N. & Hawkes, P. (1995). Building bridges between cooperative and collaborative learning. *Change: The Magazine of Learning*, 27(4), 35-40.

Mazloomi, S. & Khabiri, M. (2018). The impact of self-assessment on language learners' writing skill. *Innovations in Education and Teaching International*, 55(1), 91-100.

McGaffrey, D. F., Hamilton, L. S., Stecher, B. M., Klein, S. P., Bugliari, D. & Robyn, A. (2001). Interactions among instructional practices, curriculum, and student achievement: The case of standards-based high school mathematics. *Journal for Research in Mathematics Education*, 32(5), 493-517.

McGraw, P. & Tidwell, A. (2001). Teaching group process skills to MBA students: A short workshop. *Education + Training*, 43(3), 162-171.

Melchor-Couto, S. (2017). Foreign language anxiety levels in Second Life oral interaction. *ReCALL*, 29(1), 99-119.

Melles, G. (2004). Understanding the role of language/culture in group work through qualitative interviewing. *The Qualitative Report*, 9(2), 216-240.

Mendelson, M. (2016). Try this: Collaborative mind mapping. *English Teaching Forum*, 54(2), 44-48.

Mennecke, B., Hassall L. M. & Triplett J. (2008). The mean business of Second

Life: Teaching entrepreneurship, technology and e-commerce in immersive environments. *MERLOT Journal of Online Learning and Teaching*, 4(3), 339-348.

Mitchell, M. G., Montgomery, H., Holder, M. & Stuart, D. (2008). Group investigation as a cooperative learning strategy: An integrated analysis of the literature. *The Alberta Journal of Educational Research*, 54(4), 388-395.

Modern Languages Teachers Association NSW (MLTANSW) (2017). Professional development workshops on differentiation.

Møgelvang, A. & Nyléhn, J. (2023). Co-operative learning in undergraduate mathematics and science education: A scoping review. *International Journal of Science and Mathematics Education*, 21(6), 1935-1959.

Moqbel, M. S. S. (2018). Self-assessment in EFL grammar classroom: A study of EFL learners at the centre for languages and translation, Ibb University. *International Journal for Research in Education*, 42(2), 289-324.

Mørch, A. I., Hartley, M. D. & Caruso, V. (2015). Teaching interpersonal problem solving skills using roleplay in a 3D virtual world for special education: A case study in Second Life. In *2015 IEEE 15th International Conference on Advanced Learning Technologies* (pp. 464-468). IEEE.

Morris, R. D. (2011). Web 3.0: Implications for online learning. *TechTrends*, 55(1), 42-46.

Mroz, A. (2014). 21st century virtual language learning environments (VLLEs). *Language and Linguistics Compass*, 8(8), 330-343.

Nan, H. (2014). A feasible study on cooperative learning in large class college English teaching. *Theory and Practice in Language Studies*, 4(9), 1862-1868.

Nawas, A. (2020). Grading anxiety with self and peer-assessment: A mixed-method study in an Indonesian EFL context. *Issues in Educational Research*, 30(1), 224-244.

Nelson, G. & J. Carson. (2006). Cultural issues in peer response: Revisiting "culture". In K. Hyland & F. Hyland (Eds.), *Feedback in second language writing* (pp.42-

59). Cambridge: Cambridge University Press.

Ng, P. M., Chan, J. K. & Lit, K. K. (2022). Student learning performance in online collaborative learning. *Education and Information Technologies*, 27(6), 8129-8145.

Nguyen, P. M. (2008). Culture and cooperation: Cooperative learning in Asian Confucian heritage cultures. The case of Viet Nam [Unpublished doctoral dissertation]. Utrecht University.

Ning, H. (2013). The impact of cooperative learning on English as a foreign language tertiary learners' social skills. *Social Behavior and Personality: An International Journal*, 41(4), 557-567.

Ning, H. & Hornby, G. (2014). The impact of cooperative learning on tertiary EFL learners' motivation. *Educational Review*, 66(1), 108-124.

Niu, R., Jiang, L. & Deng, Y. (2018). Effect of proficiency pairing on L2 learners' language learning and scaffolding in collaborative writing. *The Asia-Pacific Education Researcher*, 27(3), 187-195.

Nugraheni, Y. D. (2015). Improving students' mastery of the simple past tense by using Chinese whispers and group grid technique. *ELT Forum: Journal of English Language Teaching*, 4(1), 13-14.

Nuthall, G. (2007). *The Hidden Lives of Learners*. Wellington: NZCER Press.

Okada, A., Rabello, C. & Ferreira, G. (2014). Developing 21st century skills through co-learning with OER and social networks. In *Challenges for Research into Open & Distance Learning: Doing Things Better – Doing Better Things* (pp. 121-130). European Distance and E-Learning Network.

Oktaputriviant, N. R. & Rizqiana, N. U. (2022). Interactive mind map: A medium of language learning in the online learning era. *Prosiding Seminar*, (S1), 185-192.

Olsen, R. & Kagan, S. (1992). About cooperative learning. In C. Kessler (Ed.), *Cooperative Language Learning: A Teacher's Resource Book* (pp. 1-30). Englewood Cliffs: Prentice Hall.

Omar, H., Embi, M. A. & Yunus, M. M. (2012). ESL learners' interaction in an online discussion via Facebook. *Asian Social Science*, 8, 67-74.

Orchard, J. & Winch, C. (2015). What training do teachers need?: Why theory is necessary to good teaching. *Impact*, 2015(22), 1-43.

Oxford, R. L. (1997). Cooperative learning, collaborative learning, and interaction: Three communicative strands in the language classroom. *The modern language journal*, 81(4), 443-456.

Page, M. J. et al. (2021). The PRISMA 2020 statement: An updated guideline for reporting systematic reviews. *BMJ*, 372, Article n71.

Paikari, E. & van der Hoek, A. (2018). A framework for understanding chatbots and their future. In *Proceedings of the 11th International Workshop on Cooperative and Human Aspects of Software Engineering* (pp. 13-16). IEEE.

Paulus, T. M. (1999). The effect of peer and teacher feedback on student writing. *Journal of Second Language Writing*, 8(3), 265-289.

Perez, B. et al. (2011, October). The Esepod project: Improving listening skills through mobile learning [Paper presentation]. ICT for Language Learning International Conference, Florence.

Peterson, M. (2006). Learner interaction management in an avatar and chat-based virtual world. *Computer Assisted Language Learning*, 19(1), 79-103.

Piaget, J. (1980). *Experiments in Contradiction*. Chicago: University of Chicago Press.

Piercy, M., Wilton, K. & Townsend, M. (2002). Promoting the social acceptance of young children with moderate-severe intellectual disabilities using cooperative-learning techniques. *American Journal on Mental Retardation*, 107(5), 352-360.

Plymouth Community School. Peer & self-assessment.

Poehner, M. E. (2007). Beyond the test: L2 dynamic assessment and the transcendence of mediated learning. *The Modern Language Journal*, 91(3), 323-340.

Poehner, M. E. (2009). Group dynamic assessment: Mediation for the L2 classroom. *TESOL Quarterly*, 43(3), 471-491.

Poindexter, C. C. & Oliver, I. R. (1998). Navigating the writing process: Strategies for young children. *The Reading Teacher*, 52(4), 420-423.

Pokrivčáková, S. (2019). Preparing teachers for the application of AI-powered technologies in foreign language education. *Journal of Language and Cultural Education*, 7(3), 135-153.

Postholm, M. B. (2012). Teachers' professional development: A theoretical review. *Educational Research*, 54(4), 405-429.

Pratten, M. K., Merrick, D. & Burr, S. A. (2014). Group in-course assessment promotes cooperative learning and increases performance. *Anatomical Sciences Education*, 7(3), 224-233.

Prosser, M. & Trigwell, K. (2014). Qualitative variation in approaches to university teaching and learning in large first-year classes. *Higher Education*, 67, 783-795.

Putnam, J. (2008). Cooperative learning for inclusion. In P. Hick, R. Kershner & P. Farrell (Eds.), *Psychology for Inclusive Education: New Directions in Theory and Practice* (pp. 93-107). New York: Routledge.

Putnam, J., Markovchick, K., Johnson, D. W. & Johnson, R. T. (1996). Cooperative learning and peer acceptance of students with learning disabilities. *The Journal of Social Psychology*, 136(6), 741-752.

Rahayu, A. & Jufri, J. (2013). Teaching speaking to junior high school students through four corners game. *Journal of English Language Teaching*, 1(2), 490-497.

Rao, N. & Chan, C. K. (2010). Moving beyond paradoxes: Understanding Chinese learners and their teachers. In J. Tan (Ed.), *Revisiting the Chinese Learner: Changing Contexts, Changing Education* (pp. 3-32). Hong Kong: Springer.

Roger T. & Johnson, D. W. (1994). An overview of cooperative learning. In J. Thousand, A. Villa & A. Nevin (Eds.), *Creativity and Collaborative Learning* (pp. 1-21). Baltimore: Brookes Press.

Rubens, N., Kaplan, D. & Okamoto, T. (2012). E-Learning 3.0: Anyone, anywhere, anytime, and AI. In D. K. W. Chiu, M. Wang, E. Popescu, Q. Li & R. Lau (Eds.),

New Horizons in Web Based Learning (pp. 171-180). Cham: Springer.

Ruël, G. C., Bastiaans, N. & Nauta, A. (2003). Free-riding and team performance in project education. *International Journal of Management Education*, 3(1), 26-38.

Saito, H. (2008). EFL classroom peer assessment: Training effects on rating and commenting. *Language Testing*, 25(4), 553-581.

Sallam, M. H., Martín-Monje, E. & Li, Y. (2022). Research trends in language MOOC studies: A systematic review of the published literature (2012–2018). *Computer Assisted Language Learning*, 35(4), 764-791.

Sarobol, N. (2012). Implementing cooperative learning in English language classroom: Thai university students' perceptions. *International Journal of Interdisciplinary Social Sciences*, 6(10), 111-122.

Shagrir, L. (2017). Collaborating with colleagues for the sake of academic and professional development in higher education. *International Journal for Academic Development*, 22(4), 331-342.

Shams, N. & Tavakoli, M. (2014). The effect of peer, self, and traditional assessment on Iranian EFL learners' L2 reading comprehension. *Journal of Applied Linguistics and Language Research*, 1(1), 29-44.

Sharan, S. (1980). Cooperative learning in small groups: Recent methods and effects on achievement, attitudes, and ethnic relations. *Review of Educational Research*, 50(2), 241-271.

Sharan, Y. & Sharan, S. (1990). Group investigation expands cooperative learning. *Educational Leadership*, 47(4), 17-21.

Sharan, Y. & Sharan, S. (1992). *Expanding Cooperative Learning Through Group Investigation* (Vol. 1234). New York: Teachers College Press.

Shawar, B. A. (2017). Integrating CALL systems with chatbots as conversational partners. *Computación y Sistemas*, 21(4), 615-626.

Shih, Y. C. & Yang, M. T. (2008). A collaborative virtual environment for situated language learning using VEC3D. *Journal of Educational Technology & Society*, 11(1), 56-68.

Shimazoe, J. & Aldrich, H. (2010). Group work can be gratifying: Understanding & overcoming resistance to cooperative learning. *College Teaching*, 58(2), 52-57.

Shuker, M. A. & Burton, R. (2021). Educational technology review: Bringing people and ideas together with 'Padlet'. *Journal of Applied Learning and Teaching*, 4(2), 121-124.

Silalahi, T. F. & Hutauruk, A. F. (2020). The application of cooperative learning model during online learning in the pandemic period. *Budapest International Research and Critics Institute-Journal (BIRCI-Journal)*, 3(3), 1683-1691.

Sketchbubble. Jigsaw method of teaching. https://www.sketchbubble.com/en/presentation-jigsaw-method-of-teaching.html

Slater, M. & Sanchez-Vives, M. V. (2016). Enhancing our lives with immersive virtual reality. *Frontiers in Robotics and AI*, 3, 1-47.

Slavin, R. E. (1986). Cooperative learning: Engineering social psychology in the classroom. In R. S. Feldman (Ed.), *The Social Psychology of Education: Current Research and Theory* (pp. 153-171). Cambridge: Cambridge University Press.

Slavin, R. E. (1988). Synthesis of research on grouping in elementary and secondary schools. *Educational Leadership*, 46(1), 67-77.

Slavin, R. E. (1995). *Cooperative Learning: Theory, Research, and Practice*. Boston: Allyn & Bacon.

Slavin, R. E. (1996). Research on cooperative learning and achievement: What we know, what we need to know. *Contemporary Educational Psychology*, 21(1), 43-69.

Slavin, R. E. (2014). Making cooperative learning powerful. *Educational Leadership*, 72(2), 22-26.

Smith, K. A., Sheppard, S. D., Johnson, D. W. & Johnson, R. T. (2005). Pedagogies of engagement: Classroom-based practices. *Journal of Engineering Education*, 94(1), 87-101.

Smutny, P. & Schreiberova, P. (2020). Chatbots for learning: A review of educational chatbots for the Facebook messenger. *Computers & Education*, 151, 103862.

Song, Z. (2019). Investigating Chinese EFL college students' writing through the web-automatic writing evaluation program. *English Language and Literature Studies*, 9(3), 20-28.

Stecker, P. M., Fuchs, L. S. & Fuchs, D. (2005). Using curriculum-based measurement to improve student achievement: Review of research. *Psychology in the Schools*, 42(8), 795-819.

Sternberg, R. J. & Grigorenko, E. L. (2002). *Dynamic Testing: The Nature and Measurement of Learning Potential*. Cambridge: Cambridge University Press.

Stevens, R. J. & Slavin, R. E. (1995). Effects of a cooperative learning approach in reading and writing on academically handicapped and nonhandicapped students. *The Elementary School Journal*, 95(3), 241-262.

Stevenson, M. & Phakiti, A. (2019). Automated feedback and second language writing. In K. Hyland & F. Hyland (Eds.), *Feedback in Second Language Writing: Contexts and Issues* (pp. 125-142). Cambridge: Cambridge University Press.

Stockdale, S. L. & Williams, R. L. (2004). Cooperative learning groups at the college level: Differential effects on high, average, and low exam performers. *Journal of Behavioral Education*, 13(1), 37-50.

Storch, N. (2013). *Collaborative Writing in L2 Classrooms*. Bristol: Multilingual Matters.

Su, Y., Li, Y., Hu, H. & Rosé, C. P. (2018). Exploring college English language learners' self and social regulation of learning during wiki-supported collaborative reading activities. *International Journal of Computer-Supported Collaborative Learning*, 13(1), 35-60.

Sun, Y-C. & Chang, Y-J. (2012). Blogging to learn: Becoming EFL academic writers through collaborative dialogues. *Language Learning & Technology*, 16(1), 43-61.

Sung, Y. T., Chang, K. E. & Yang, J. M. (2015). How effective are mobile devices for language learning? A meta-analysis. *Educational Research Review*, 16(1), 68-84.

Sutarman, Sunendar, D. & Mulyati, Y. (2019). Investigating cooperative learning model based on interpersonal intelligence on language learners skill to write article. *International Journal of Instruction*, 12(4), 201-218.

Suwantarathip, O. & Wichadee, S. (2010). The impacts of cooperative learning on anxiety and proficiency in an EFL class. *Journal of College Teaching and Learning*, 7(11), 51-57.

Svenningsson, N. & Faraon, M. (2019). Artificial intelligence in conversational agents: A study of factors related to perceived humanness in chatbots. In *Proceedings of the 2019 2nd Artificial Intelligence and Cloud Computing Conference* (pp. 151-161). Association for Computing Machinery.

Swier, R. (2014). Tasks for easily modifiable virtual environments. *JALT CALL Journal*, 10(3), 203-219.

Tadesse, T. & Gillies, R. M. (2015). Nurturing cooperative learning pedagogies in higher education classrooms: Evidence of instructional reform and potential challenges. *Current Issues in Education*, 18(2), 1-18.

Tan, C. (2017). Teaching critical thinking: Cultural challenges and strategies in Singapore. *British Educational Research Journal*, 43(5), 988-1002.

Tan, J. P. L., Choo, S. S., Kang, T. & Liem, G. A. D. (2017). Educating for twenty-first century competencies and future-ready learners: research perspectives from Singapore. *Asia Pacific Journal of Education*, 37(4), 425-436.

Tavares, L. A., Meira, M. C. & do Amaral, S. F. (2021). Interactive mind map: A model for pedagogical resource. *Open Education Studies*, 3(1), 120-131.

Tegos, S., Demetriadis, S. & Tsiatsos, T. (2014). A configurable conversational agent to trigger students' productive dialogue: A pilot study in the CALL domain. *International Journal of Artificial Intelligence in Education*, 24(1), 62-91.

Teixeira, A. M. & Mota, J. (2014). A proposal for the methodological design of collaborative language MOOCs. In E. Martin-Monje & E. Bárcena. (Eds.), *Language MOOCs: Providing Learning, Transcending Boundaries* (pp. 33-47). Berlin: Walter de Gruyter.

Teng, M. F. (2020). Effects of cooperative-metacognitive instruction on EFL learners' writing and metacognitive awareness. *Asia Pacific Journal of Education*, 42(2), 1-17.

Teng, M. F. (2021). Effects of individual and group metacognitive prompts on tertiary-level students' metacognitive awareness and writing outcomes. *The Asia-Pacific Education Researcher*, 31(2), 1-12.

Thanh, P. T. H. (2014). *Implementing Cross-culture Pedagogies: Cooperative Learning at Confucian Heritage Cultures*. Singapore: Springer.

Theisen, T. (2002). Differentiated instruction in the foreign language classroom: Meeting the diverse needs of all learners. *LOTE CED Communiqué*, 6, 1-8.

Thompson, M. M., Wang, A., Roy, D. & Klopfer, E. (2018). Authenticity, interactivity, and collaboration in VR learning games. *Frontiers in Robotics and AI*, 5, 1-7.

Tjosvold, D. & Fang, S. S. (2004). Cooperative conflict management as a basis for training students in China. *Theory into Practice*, 43(1), 80-86.

Tjosvold, D., Law, K. S. & Sun, H. (2003). Collectivistic and individualistic values: Their effects on group dynamics and productivity in China. *Group Decision and Negotiation*, 12(3), 243-263.

Tomlinson, C. A. (2000). Reconcilable differences: Standards-based teaching and differentiation. *Educational Leadership*, 58(1), 6-13.

Tomlinson, C. A. & Moon, T. R. (2013). *Assessment and Student Success in a Differentiated Classroom*. Alexandria: Association for Supervision & Curriculum Development.

Topping, K. J. (2009). Peer assessment. *Theory into Practice*, 48(1), 20-27.

Topping, K. J., Smith, E. F., Swanson, I. & Elliot, A. (2000). Formative peer assessment of academic writing between postgraduate students. *Assessment & Evaluation in Higher Education*, 25(2), 149-169.

Trio, A., Madson, A. & Klitzke, H. (n.d.). *Misconceptions*. ELL Strategies & Misconceptions.

van Lier, L. (Ed.). (2004). *The Ecology and Semiotics of Language Learning: A Sociocultural Perspective*. Boston: Kluwer Academic Publishers.

Varişoğlu, B. (2016). Influence of cooperative integrated reading and composition technique on foreign students' reading and writing skills in Turkish. *Educational Research and Reviews*, 11(12), 1168-1179.

Vermette, P. J. (1998). *Making Cooperative Learning Work: Student Teams in K-12 Classrooms*. Englewood Cliff: Prentice-Hall.

Vorobyeva, A. A. (2018). Language acquisition through massive open online courses (MOOCs): Opportunities and restrictions in educational university environment. *XLinguae*, 11(2), 136-146.

Vuopala, E., Hyvönen, P. & Järvelä, S. (2016). Interaction forms in successful collaborative learning in virtual learning environments. *Active Learning in Higher Education*, 17(1), 25-38.

Vygotsky, L. S. (1978). *Mind in Society: The Development of Higher Psychological Processes*. Harvard: Harvard University Press.

Vygotsky, L. S. (1986). *Thought and Language*. (A. Kozulin, Ed.). Massachusetts: The MIT Press.

Wang, J. (2013). Perceptions of mobile assisted e-cooperative learning quality. *Asian Journal of Social Sciences & Humanities*, 2(3), 1-10.

Wang, J., Yu, W. W. & Wu, E. (2013). Empowering mobile assisted social e-learning: Students' expectations and perceptions. *World Journal of Education*, 3(2), 59-70.

Wang, Q. (2012). Classroom teaching strategies of improving the English majors' self-instruction in newly-promoted university in China. *Theory and Practice in Language Studies*, 2(3), 475-482.

Wang, S. (2014). Collaboration factors and quality of learning experience on interactive mobile assisted social e-learning. *Turkish Online Journal of Educational Technology*, 13(2), 24-34.

Wang, Y., Grant, S. & Grist, M. (2021). Enhancing the learning of multi-level undergraduate Chinese language with a 3D immersive experience–An exploratory study. *Computer Assisted Language Learning*, 34(1-2), 114-132.

Warburton, S. & Perez-Garcia, M. (2010). 3D design and collaboration in massively multi-user virtual environments. In D. Russel (Ed.), *Cases on Collaboration in Virtual Learning Environments: Processes and Interactions* (pp. 27-41). New York: IGI Global.

Warden, C. A. (2000). EFL business writing behaviors in differing feedback environments. *Language Learning*, 50(4), 573-616.

Warren, S., Dondlinger, M. J. & Barab, S. A. (2008). A MUVE towards PBL writing: Effects of a digital learning environment designed to improve elementary student writing. *Journal of Research on Technology in Education*, 41(1), 113-140.

Watkins, R. (2004). Groupwork and assessment: The handbook for economics lecturers. The Economics Network.

Webb, N. M. (1991). Task-related verbal interaction and mathematics learning in small groups. *Journal for Research in Mathematics Education*, 22(5), 366-389.

Weber, M. S. & Kim, H. (2015). Virtuality, technology use, and engagement within organizations. *Journal of Applied Communication Research*, 43(4), 385-407.

Wei, P. & Tang, Y. (2015). Cooperative learning in English class of Chinese junior high school. *Creative Education*, 6(3), 397-404.

Wei, Y. (2017). Application of WeChat in English teaching. In *Proceedings of the 2017 International Conference on Culture, Education and Financial Development of Modern Society (ICCESE 2017)* (pp. 78-79). Dordrecht: Atlantis Press.

Weigand, E. (2019). Dialogue and artificial intelligence. *Language and Dialogue*, 9(2), 294-315.

Weissenburger, J. W. & Espin, C. A. (2005). Curriculum-based measures of writing across grade levels. *Journal of School Psychology*, 43(2), 153-169.

Wenger, E., McDermott, R. & Snyder, W. M. (2002). *Cultivating Communities of Practice: A Guide to Managing Knowledge*. Harvard: Harvard Business School Press.

Westerman, D., Cross, A. C. & Lindmark, P. G. (2019). I believe in a thing called bot: Perceptions of the humanness of "chatbots". *Communication Studies*, 70(3), 295-312.

Wichadee, S. & Orawiwatnakul, W. (2012). Cooperative language learning: Increasing opportunities for learning in teams. *Journal of College Teaching & Learning*, 9(2), 93-100.

Wigham, C. R., Panichi, L., Nocchi, S. & Sadler, R. (2018). Interactions for language learning in and around virtual worlds. *ReCALL*, 30(2), 153-160.

Wong, L. H. & Hsu, C. K. (2016). Effects of learning styles on learners' collaborative patterns in a mobile-assisted, Chinese character-forming game based on a flexible grouping approach. *Technology, Pedagogy and Education*, 25(1), 61-77.

Wong, S. (2019). The effectiveness of graphic organizers on the reading comprehension of EFL students: A proposed syllabus. In B. Dubin, M. T. Nguyen & T. Past (Eds.), *Temple University Japan Studies in Applied Linguistics* (pp. 73-79). Tokyo: Temple University Press.

Yan, L. (2019). A study on WeChat-based collaborative learning in college English writing. *English Language Teaching*, 12(6), 1-9.

Yang, H. (2015). *Teacher Mediated Agency in Educational Reform in China*. Cham: Springer.

Yang, H. & Kyun, S. (2022). The current research trend of artificial intelligence in language learning: A systematic empirical literature review from an activity theory perspective. *Australasian Journal of Educational Technology*, 38(5), 180-210.

Yang, H., Tsung, L. & Cao, L. (2022). The use of communication strategies by second language learners of Chinese in a virtual reality learning environment. *Sage Journals*, 12(4), 1-20.

Yang, J., Kinshuk, Yu, H., Chen, S.-J. & Huang, R. (2014). Strategies for smooth and effective cross-cultural online collaborative learning. *Educational Technology & Society*, 17(3), 208-221.

Yang, X., Guo, X. & Yu, S. (2016). Effects of cooperative translation on Chinese EFL student levels of interest and self-efficacy in specialized English translation. *Computer Assisted Language Learning*, 29(3), 477-493.

Yang, X., Li, J., Guo, X. & Li, X. (2015). Group interactive network and behavioral patterns in online English-to-Chinese cooperative translation activity. *The Internet and Higher Education*, 25, 28-36.

Yang, Y., Zhou, X. & Hu, J. (2021). Students' preferences for seating arrangements and their engagement in cooperative learning activities in college English blended learning classrooms in higher education. *Higher Education Research and Development*, 41(1), 1-16.

Yee, L. Y. & Yunus, M. M. (2021). Collaborative tools in enhancing ESL writing during Covid 19: A systematic review [Paper presentation]. International Conference on Business Studies and Education (ICBE), Malaysia.

Yeh, Y. L. & Lan, Y. J. (2018). Fostering student autonomy in English learning through creations in a 3D virtual world. *Educational Technology Research and Development*, 66(3), 693-708.

Yin, Q. & Satar, M. (2020). English as a foreign language learner interactions with chatbots: Negotiation for meaning. *International Online Journal of Education and Teaching (IOJET)*, 7(2), 390-410.

Yu, H. & Nazir, S. (2021). Role of 5G and artificial intelligence for research and transformation of English situational teaching in higher studies. *Mobile Information Systems*, Article 3773414.

Yu, S. & Yuizono, T. (2021). Opening the 'black box' of cooperative learning in face-to-face versus computer-supported learning in the time of COVID-19. *Education Sciences*, 11(3), 102.

Yu, Y. & Wang, B. (2009). A study of language learning strategy use in the context of EFL curriculum and pedagogy reform in China. *Asia Pacific Journal of Education*, 29(4), 457-468.

Zairul, M. (2020). A thematic review on student-centred learning in the studio education. *Journal of Critical Reviews*, 7(2), 504-511.

Zamani, M. (2016). Cooperative learning: Homogeneous and heterogeneous grouping of Iranian EFL learners in a writing context. *Cogent Education*, 3(1), 1149959.

Zawacki-Richter, O., Marín, V. I., Bond, M. & Gouverneur, F. (2019). Systematic review of research on artificial intelligence applications in higher education—where are the educators? *International Journal of Educational Technology in Higher Education*, 16(1), 1-27.

Zezima, A. (2017). Best practice classroom activities for improving students' cooperative skills. SCSD Behavior Matters. https://scsdbehaviormatters.weebly.com/blog/best-practice-classroom-activities-for-improving-students-cooperative-skills

Zhang, Y. (2012). A study on CLL method in reading course. *Theory and Practice in Language Studies*, 2(8), 1678-1683.

Zhang, Z. (2017). Student engagement with computer-generated feedback: A case study. *ELT Journal*, 71(3), 317-328.

Zhang, Z. & Hyland, K. (2018). Student engagement with teacher and automated feedback on L2 writing. *Assessing Writing*, 36(5), 90-102.

Zhang, Z., Liu, T. & Lee, C. B. (2021). Language learners' enjoyment and emotion regulation in online collaborative learning. *System*, 98, 102478.

Zhao, H. (2014). Investigating teacher-supported peer assessment for EFL writing. *ELT Journal*, 68(2), 155-168.

Zheng, X., Johnson, T. E. & Zhou, C. (2020). A pilot study examining the impact of collaborative mind mapping strategy in a flipped classroom: Learning achievement, self-efficacy, motivation, and students' acceptance. *Educational Technology Research and Development*, 68(6), 3527-3545.

Zhi, Q. & Su, M. (2015). Enhance collaborative learning by visualizing process of knowledge building with Padlet. In *2015 International Conference of Educational Innovation through Technology (EITT)* (pp. 221-225). New York: IEEE.

Zhou, H. (2012). Enhancing non-English majors' EFL motivation through cooperative learning. *Procedia Environmental Sciences*, 12, 1317-1323.

Zhu, C., Valcke, M. & Schellens, T. (2010). A cross-cultural study of teacher perspectives on teacher roles and adoption of online collaborative learning in higher education. *European Journal of Teacher Education*, 33(2), 147-165.

Zhu, M. (2002). *Entering the New Curriculum: A Dialogue with Curriculum Implementers*. Beijing: Beijing Normal University Press.

曹佩升，2008，基于网络的英语合作学习质量监控与效果研究，《电化教育研究》（3）：93-96。

董连忠，2011，第二课堂合作学习辅助大学英语教学探析，《中国劳动关系学院学报》（5）：122-125。

高艳，2010，项目学习在大学英语教学中的应用研究，《外语界》（6）：42-48。

简晓明等，2006，大学英语合作学习的评价模式及其实践，《高教探索》（5）：53-55。

冷兆杰，2008，形成性评估英语教学模式的实证研究，《西南民族大学学报（人文社会科学版)》（12）：333-335。

李春光，2013，网络多模态学习环境理论在音体美专业大学英语教学中的应用研究，《外语电化教学》（5）：71-75。

刘爱军，2011，网络环境下大学英语合作学习模式的构建，《中国电化教育》（6）：109-112。

刘洁，2018，微信公众平台支持新生听力自主学习的实践与思考，《中小学电教》（11）：26-28。

刘萍，2009，学习适应能力培养机制在大学英语教学中的应用研究，《外语界》（5）：26-32。

龙菡，2015，大学英语项目式翻转课堂教学设计及实证研究，《中国教育学刊》（S2）：229-230。

蒙岚，2020，混合式教学模式下大学英语课程思政路径，《社会科学家》（12）：136-141。

邵钦瑜、何丽，2014，基于网络与课堂混合环境下的大学英语合作学习模型构建及实证研究，《外语电化教学》(2)：31-35。

孙琼，2010，独立学院大学英语形成性评价实践，《现代教育管理》(8)：62-64。

吴荣辉、何高大，2014，合作学习在大学英语写作教学中的应用效应研究，《外语教学》(3)：44-47。

肖铖、琼达，2014，大学英语教学中合作学习的实验研究——以西藏大学为例，《西藏大学学报（社会科学版）》(3)：169-176。

应洁琼、宁强，2017，合作学习理论视角下大学英语口语教学的行动研究，《中国教育学刊》(S1)：98-101。

张瑾，2008，大学英语课堂互动教学探究，《教育评论》(3)：93-96。

张威、郭永志，2012，学习共同体学习模式的实证研究，《教育科学》(5)：32-26。

中华人民共和国教育部，2001，教育部关于印发《基础教育课程改革纲要（试行）》的通知，http://www.moe.gov.cn/srcsite/A26/jcj_kcjcgh/200106/t20010608_167343.html（2023 年 7 月 10 日读取）

中华人民共和国教育部，2004，教育部办公厅关于印发《大学英语课程教学要求（试行）》的通知，http://www.moe.gov.cn/srcsite/A08/s7056/200401/t20040130_110837.html（2023 年 4 月 20 日读取）

中华人民共和国教育部，2007，教育部办公厅关于印发《大学英语课程教学要求》的通知，http://www.moe.gov.cn/srcsite/A08/s7056/200707/t20070710_110825.html (2023 年 8 月 3 日读取)

中华人民共和国教育部，2020，教育部关于印发《普通高中课程方案和语文等学科课程标准（2017 年版 2020 年修订）》的通知，http://www.moe.gov.cn/srcsitc/A26/s8001/202006/t20200603_462199.html?eqid=d7165cbe002086ec000000036426db94（2023 年 5 月 8 日读取）

邹晓玲、田小丽、朱永蓉，2008，计算机辅助英语口语课堂合作学习实证研究，《西南民族大学学报（人文社会科学版）》(S1)：202-205。

附录：合作学习的资源

有关合作学习的教学和课堂研究资源可大致分为四类：第一类是书籍和期刊文章等传统学术资源；第二类包括用于英语教学和通识教育的合作学习在线资源；第三类涵盖了一系列辅助合作学习的技术和应用；第四类包括供教师参加培训和扩展学习的专业会议和学术协会。

一、传统学术资源：书籍和期刊文章

这一类资源包括在合作学习领域重要的学者所写的书籍和期刊文章，如 David Johnson & Roger Johnson、Robert E. Slavin、Spencer Kagan、Elizabeth G. Cohen、Noreen M. Webb、Robyn M. Gillies 等人的著作和文章，以及国内外有关合作学习的其他研究。限于篇幅原因，此处不再展开，读者可参阅本书参考文献中提供的相关资料。

二、在线资源：合作学习的方法和灵感

这一类包括关于合作学习活动的实用在线资源，其中大部分来自教师在合作学习活动中的实际教学案例和经验。虽然其中大部分是针对通识教育的，涵盖一系列科目，但活动结构可以根据英语教学环境进行调整。

1. 英语学习策略和误区

https://ellstrategiesandmisconceptions3.weebly.com

2. 如何有效利用合作学习小组

https://cft.vanderbilt.edu/guides-sub-pages/setting-up-and-facilitating-group-work-using-cooperative-learning-groups-effectively

该网页由范德比尔特大学创建，提供合作学习活动的理论观点、视频和图片，可以为如何更有效地开展合作学习提供参考。

3. 合作学习活动案例集锦

https://www.gdrc.org/kmgmt/c-learn/methods.html

该网页由康奈尔大学教学创新中心创建，提供许多带有解释说明的合作学习活动案例供读者参考。

4. 提高学生合作技能的活动建议

https://scsdbehaviormatters.weebly.com/blog/best-practice-classroom-activities-for-improving-students-cooperative-skills

该网页提供了帮助提高学生合作技能的实用性活动建议。

5. "开学第一天"破冰活动

https://www.whatihavelearnedteaching.com/five-cooperative-learning-activities-to-do-on-the-first-day-of-school

该网页介绍许多适合开学时新同学互动的活动，帮助学生打破陌生感，为未来的合作学习打好基础。

6. 六边形思维：丰富多彩的讨论工具

https://www.cultofpedagogy.com/hexagonal-thinking

六边形思维活动有利于小组讨论和沟通不同的想法。

三、支持合作学习的网络技术和应用程序

这一类包括一系列支持合作学习的网络技术：交互式在线写作平台、互动思维导图软件和虚拟现实平台。这些基于网络技术支持的合作学习活动在本书第七章已有介绍。

1. WPS

如果 Google 和 wikis 产品无法访问，WPS 是另一种选择，它具有类似的功能，例如同步和异步访问在线文字处理文档、编辑在线文档、注释评论和云存储。

2. Padlet

除了本书第七章介绍的功能外，Padlet 还在扩展其他功能，例如时间线、地图、网格和流程图。它的使用需要注册，基本功能可以免费使用，但如果用户想使用附加功能，则可能需要付费。

3. Miro

Miro 是一款在线思维导图软件，具有支持合作学习的功能，例如同步会议、小组头脑风暴、共享画布上的规划、分享和评论等。

4. Lucidspark

Lucidspark 也是一款在线思维导图软件，提供对在线流程图和白板的同步访问，并有聊天和评论笔记功能。

5. "第二人生"（Second Life）

"第二人生"提供对虚拟世界的免费访问，但需要注册并同意其服务条款。

6. 其他

我们在此介绍另外三个介绍语言学习技术和理念的网站。

（1）如何将播客带入课堂

https://www.cultofpedagogy.com/podcasts-in-the-classroom/

（2）如何设计 WebQuest

https://en.islcollective.com/english-esl-worksheets/search/webquest

（3）ICT 工具和开放教育资源清单

https://www.ecml.at/ECML-Programme/Programme2012-2015/ICT-REVandmoreDOTS/ICT/tabid/1906/language/en-GB/Default.aspx

四、学术会议和学术协会

我们在此介绍一些学术会议和学术协会，其中会议与通识教育中的合作和协作学习有关。

1. International Association for the Study of Cooperation in Education (IASCE) Conference

会议旨在为教师的合作学习实践和研究提供交流平台，IASCE 相关信息和活动也可以在官网查阅。

2. The ACM Conference on Computer Supported Cooperative Work (CSCW)

CSCW 发表了大量关于合作学习设计和相关技术的文章，汇集了全球关于合作学习的前沿研究。

3. International Society of the Learning Sciences（简称 ISLS）

ISLS 致力于对真实世界中的学习进行跨学科实证研究，探索如何利用技术或非技术的手段来促进学习。

4. TESOL International Association（简称 TESOL）

TESOL 是全球最具规模和影响力的英语教师协会组织，致力于提升全球英语教学的师资水平，并为非英语母语的学习者提供权威、专业的英语教学服务。

5. International Association of Applied Linguistics / Association Internationale de Linguistique Appliquee（简称 AILA）

AILA 最初于 1964 年在法国南锡成立，是在全世界范围内从事应用语言学研究、相关政策制定及应用的非政府组织。中国英汉语比较研究会英语教学研究分会（China English Language Education Association，简称 CELEA）于 2001 年成为其会员。

6. The Applied Linguistics Association of Australia（简称 ALAA）

ALAA 是澳大利亚应用语言学领域的全国性专业组织。该学会每年组织一次亚太地区应用语言学会议。